SUPPEN REZEPTE AUS ALLER WELT

ULRIKE SKADOW

SUPPEN

REZEPTE AUS ALLER WELT

Stiftung Warentest

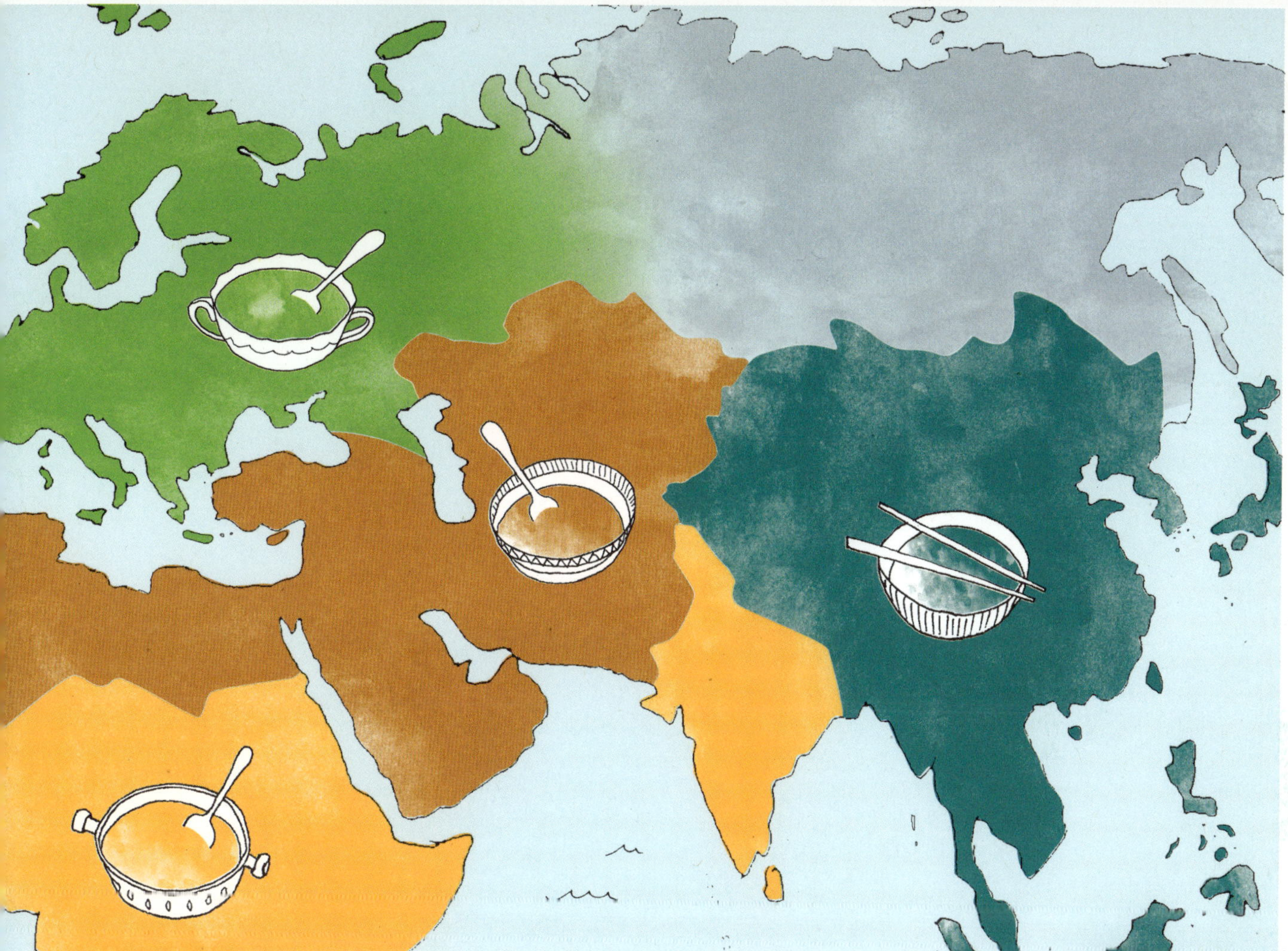

INHALT

Mit 80 Suppen um die Welt

Suppen spielen in unserer Ernährungsgeschichte eine besondere Rolle: Sie sind der Inbegriff einer sättigenden Mahlzeit, die in sich alles vereint, was man zu einer gesunden, ausgeglichenen Ernährung braucht.

Lange bevor der Suppentopf erfunden wurde, hatten die Menschen ausgeklügelte Methoden entwickelt, um Fleisch, Fisch, verschiedenste Pflanzen, Kräuter und Wurzeln in Wasser zu erhitzen und eine Art Ursuppe herzustellen. Sie fertigten etwa Säcke aus Tierhäuten an oder gruben Löcher in lehmhaltige Böden, legten die verschiedenen Nahrungsmittel hinein, füllten sie mit Wasser auf und erhitzten das Ganze mithilfe von Steinen, die sie im Feuer zum Glühen brachten.

Als sich dann die Töpferei entwickelte, wurde das Kochen mit Wasser und damit die Suppenzubereitung sehr viel einfacher. Die Menschen, inzwischen sesshaft geworden, widmeten sich dem Ackerbau und der Viehzucht, und es entstanden damals sicherlich auch die ersten lokalen Suppenspezialitäten. Man kochte mit dem, was in einer bestimmten Region an Getreide, Hülsenfrüchten und Gemüse angebaut wurde und gab Fleisch, Fisch, Meeresfrüchte, Kräuter, Gewürze, Joghurt usw. hinzu, je nach den lokalen Gegebenheiten. Aus diesen jahrhunderte- und zum Teil jahrtausendealten Bräuchen und Zubereitungsmethoden haben sich unsere heutigen Suppen entwickelt. Unsere Weltsuppen-Sammlung soll Ihnen einen Eindruck verschaffen von der unglaublichen Vielfalt und den unbegrenzten Möglichkeiten, nahrhafte, gesunde und genussvolle Suppen zuzubereiten. Dieses Rezeptbuch ist ein Aufruf zum Entdecken, denn überall auf der Welt gibt es die köstlichsten Suppenspezialitäten ...

Bei unserer Reise über die Kontinente hinweg folgen wir einer „kulinarischen Geografie". Dabei können die kulinarischen und kontinentalen Grenzen übereinstimmen, wie bei den Kapiteln Europa, Nordamerika oder Mittel- & Südamerika, bei denen die Küchentraditionen annähernd ein einheitliches Ganzes darstellen. Aber auch andere Aspekte wie klimatische Verhältnisse oder Parallelen in der kulturellen und geschichtlichen Entwicklung beeinflussen Suppentraditionen mehr, als es die uns bekannte Weltkarte nahelegen würde. Entdecken können Sie das in den Kapiteln Nordafrika & Orient, Afrika & Indischer Ozean sowie Fernost & Pazifik, bei denen es sich um „kontinentübergreifende Genussregionen" handelt. Es ist also eine Entdeckungsreise anderer Art und über Grenzen hinaus.

Die meisten Rezepte wurden in jahrelanger kulinarischer Entdeckungsarbeit zusammengetragen. Bei jeder Reise ins Ausland sowie im Austausch mit Freunden und Menschen aus aller Welt wurden die köstlichsten Suppen, nebst den zu ihrer Herstellung notwendigen Rezepten, notiert. Einige Rezepte sind direkt von Freunden oder Bekannten überliefert worden, bei anderen brauchte es längerer Recherche, um die richtige Rezeptur zu finden.

Viel Spaß bei Ihrer Suppen-Weltreise!

Suppenvielfalt mit exotischen Zutaten

Fast die Hälfte unserer Rezepte sind vegetarisch oder werden mit einer vegetarischen Variante vorgestellt. Größtenteils sind die Suppen mit relativ wenig Aufwand zuzubereiten. Es gibt dabei natürlich auch aufwendigere Rezepte, bei denen Sie etwas mehr Zeit einplanen sollten. Aber es wird sich für Sie lohnen, sich an diese Suppen heranzuwagen!

Bei einer Reise um die Welt benötigt man einige exotische Zutaten (Gewürze, Würzsaucen oder Gemüsesorten). Hier ist es unumgänglich, einen Asialaden bzw. afrikanische, orientalische oder südamerikanische Lebensmittelgeschäfte aufzusuchen. Wer nicht fündig wird, hat die Möglichkeit, bestimmte Artikel über das Internet zu bestellen. Dieser Extra-Aufwand bringt Ihnen völlig neue Geschmackseindrücke!

Suppe oder Eintopf?

Generell versteht man unter Suppen mehr oder weniger leichte, nahrhafte Gerichte, die entweder als Vorspeise oder als Hauptmahlzeit gereicht werden. Es wird unterschieden zwischen klaren Suppen, das heißt Fleisch- oder Fischbrühen mit Einlage (Tiroler Speckknödelsuppe, Fleischravioli in Hühnerbrühe, türkische Muschelsuppe, philippinische Sinigang, Bittergurken-Stockfisch-Bouillon von der Insel Réunion ...), und gebundenen Suppen, welche durch die Zugabe von Rahm, Milch, Käse, Mehl, Graupen, Bulgur, Hülsenfrüchten, Kartoffeln usw. einen sämigen Charakter erhalten (amerikanische Clamchowder, schweizer Berghüttensuppe, marokkanische Ramadansuppe, tunesische Fischchorba, kolumbianische Ajiaco, brasilianische Gambas-Maniok-Suppe ...).

Der Übergang von der Suppe zu einem Eintopf ist fließend. Eintöpfe sind grundsätzlich noch üppiger und enthalten zum Teil größere Fleisch- oder Fischstücke und nur grob zerkleinertes Gemüse (flämischer Hochepot, gaskonische Garbure, Irish Stew, Gulasch, bosnischer Fleischeintopf, mexikanischer Pozole, burmesische Mohinga, Khmer-Fleischtopf ...).

Die meisten Rezepte dieser Sammlung sind als Hauptgerichte gedacht, abgesehen von zwei kalten Suppen (bulgarische Joghurt-Gurken-Suppe, Gazpacho), einer süßen Suppe (dänische Biersuppe) und drei gemixten Gemüsesuppen (amerikanische Lauchsuppe, südafrikanische Butternusskürbissuppe, türkische Erbsen-Joghurt-Suppe). Die Zutaten sind deshalb eher großzügig bemessen und oft gehört eine Beilage wie Reis dazu. Die Suppen sollen satt machen! Selbstverständlich eignen sich viele Suppen ebenfalls als Vorspeise, in diesem Fall können die Zutatenmengen etwas reduziert werden.

V „V" wie vegetarisch: An diesem Symbol erkennen Sie alle vegetarischen Rezepte sowie Rezepte, bei denen Fleisch und Fisch ersetzt werden können.

Darum sind Suppen gesund

Der gesundheitliche Vorteil vieler Suppen besteht darin, dass sie verschiedenste Gemüse, Hülsenfrüchte, Getreide, frische Kräuter und Gewürze sowie Fleisch oder Fisch vereinen und so alle wichtigen Nährstoffe enthalten.

Darüber hinaus ist der Anteil an Fleisch und Fisch in den Suppen oft bedeutend geringer als in anderen Tellergerichten. Suppen ermöglichen deshalb eine Reduzierung des Fleischkonsums.

Auch unsere vegetarischen Suppen sind zum großen Teil vollwertige Mahlzeiten, da sie meist auf Hülsenfrüchten und Getreide basieren.

Die Brühen, Basis vieler Suppen, sind besonders nährstoffreich, sofern man sie selbst herstellt. Durch das langsame Auskochen der diversen Zutaten (Gemüse, Gemüseschalen, Kräuter, Fisch, Fleisch, Knochen, Gräten usw.) wird die Brühe mit Proteinen, Mineralstoffen, Vitaminen und Spurenelementen angereichert und damit zu einem regelrechten Nährstoffkonzentrat.

Diese in der Brühe gelösten Nährstoffe werden vom Körper besonders gut aufgenommen. Zudem wirken die im Gemüse enthaltenen Mineralstoffe basisch und helfen dabei, den Körper zu entsäuern. Einige Vitamine sind allerdings hitzeempfindlich, wie Vitamin B1, B6 oder Vitamin C und Folsäure. Ihr Gehalt verringert sich durch das lange Kochen.

Die idealen Resteverwerter!

Vollwertige, nahrhafte Suppen erlauben nicht nur, den Fleischkonsum zu reduzieren, sie ermöglichen sogar eine vollständige Verwertung der Lebensmittel.

Aus Knochen, Gräten, Hühnerklein oder Krebsschalen ebenso wie aus Gemüseabfällen (Petersilienstiele, dunkelgrüne Lauchblätter, nicht mehr ganz frische Möhren, gesäuberte Schalen von Bio-Gemüse usw.) lassen sich köstliche Brühen herstellen! Auf diese Weise können die in den Lebensmitteln enthaltenen Nährstoffe hundertprozentig genutzt werden.

Und noch besser: Sie brauchen keine Instantbrühwürfel! Die Zutaten vieler Fertigbrühen beruhen zum Teil auf chemischer Herstellung und sie enthalten sehr viel Salz – selbst gemachte Brühen schmecken auch aromatischer.

Grundrezepte für Brühen

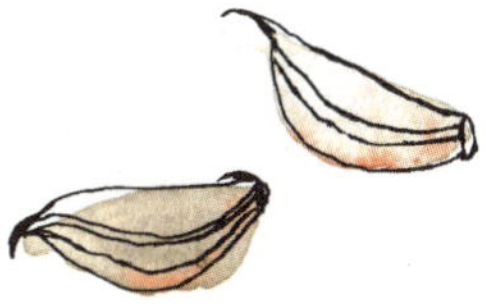

Rinderbrühe

- 300 g Wurzelgemüse (Sellerieknolle, Möhren, Petersilienwurzel, Rübchen …)
- 1 Lauchstange
- 500 g Suppenfleisch vom Rind mit Knochen
- 1 halbierte angeröstete Zwiebel
- 1–2 Knoblauchzehen, geschält
- 1 Lorbeerblatt
- 2 Stiele Thymian
- 1–2 Nelken
- 6 zerstoßene Pfefferkörner
- 1 EL grobes Salz

Wurzelgemüse und Lauch säubern, schälen und zerkleinern. Das Fleisch von den Knochen lösen und die Knochen grob zerkleinern. Fleisch und Knochenstücke in einen Topf geben, gut mit kaltem Wasser bedecken und zum Kochen bringen. Mehrmals mit einer Schaumkelle abschäumen und dann das gesäuberte und zerkleinerte Gemüse, Zwiebel, Knoblauch, Kräuter und Pfeffer hinzufügen. Unbedeckt 3 bis 4 Stunden sanft köcheln lassen. Gegen Ende der Garzeit salzen. Die Fleischbrühe durch ein Sieb abseihen, erkalten lassen und dann von der Fettschicht befreien. Gegebenenfalls auf die gewünschte Menge einkochen.

Lammknochenbrühe

- 1 Zwiebel
- 1 große Möhre
- 1 Stange Staudensellerie
- 1 kg grob zerkleinerte Lammknochen
- 2 Stiele Petersilie
- 1 Lorbeerblatt
- 2–3 Stiele Thymian
- 6 zerdrückte Pfefferkörner
- Salz

Die Zwiebel und die Möhre schälen und vierteln. Den Staudensellerie säubern und halbieren. Die Lammknochen, das Gemüse sowie die Kräuter und Pfefferkörner in einen großen Topf geben. Mit etwa 2 l Wasser gut bedecken und 2 Stunden sanft köcheln lassen. Die Lammbrühe durch ein Sieb in einen anderen Topf abgießen. Die Brühe auf 1 l einkochen lassen und dann mit Salz abschmecken.

Knochenbrühe

- 1 große Möhre
- 2 Zwiebeln
- 2 Stangen Staudensellerie
- 1 kg grob zerkleinerte Knochen (Rind, Kalb, Lamm)
- 2 TL Weinessig
- 2 Stiele Petersilie
- 1 Lorbeerblatt
- 2–3 Stiele Thymian
- 6 zerstoßene Pfefferkörner
- 1 EL grobes Salz

Für die Brühe eignen sich sowohl rohe als auch gegarte Knochen. Wichtig ist, 2 TL Säure (Essig, Wein, Zitrone) beizugeben, um die Mineralstoffe (u.a. Kalzium, Magnesium, Phosphor) aus den Knochen zu lösen. Auch Fleischreste können mitverarbeitet werden, diese vorher von Haut und Fett befreien.

Die Möhre und Zwiebeln schälen und vierteln. Staudensellerie säubern und in Scheiben schneiden. Die Knochen und den Essig in einen Topf geben, gut mit kaltem Wasser bedecken und zum Kochen bringen. Mehrmals mit einer Schaumkelle abschäumen, dann Gemüse, Kräuter und Pfeffer zugeben und halbbedeckt mindestens 2 bis 3 (bis zu 6 Stunden bei groben Rinderknochen) Stunden sanft köcheln lassen. Salz am Ende zugeben. Die Knochenbrühe durch ein Sieb abgießen, abkühlen lassen und entfetten. Für eine noch intensivere Brühe die Knochen zuerst 40 Minuten bei 240 °C im Backofen anrösten.

Hühnerbrühe

- 2 Möhren
- 1 Rübchen
- 1–2 Lauchstangen
- 1 Stange Staudensellerie
- 1 Zwiebel
- 1–2 Nelken
- 1 Knoblauchzehe
- 1 Suppenhuhn (oder 1 Hähnchenrumpf/roh oder gegart, Flügelspitzen, Hals, Herz, Magen, Leber …)
- 1 Lorbeerblatt
- 2 Stiele Thymian
- 3 Stiele Petersilie
- 50 ml trockener Weißwein oder Weißweinessig
- 6 zerstoßene Pfefferkörner
- 1 EL grobes Salz

Möhren, Rübchen, Lauch und Sellerie säubern und grob zerkleinern. Die Zwiebel schälen und mit den Nelken spicken. Knoblauch schälen. Das Suppenhuhn oder den grob zerkleinerten Rumpf und das Hühnerklein in einen Topf geben, mit kaltem Wasser bedecken und zum Kochen bringen. Mit einer Schaumkelle gut abschäumen und dann das gesäuberte und grob zerkleinerte Gemüse, Kräuter, Weißwein und Pfeffer hinzugeben. Den Deckel schräg aufsetzen und die Brühe bei sehr schwacher Hitze 2 bis 3 Stunden köcheln lassen. Gegen Ende der Garzeit das Salz zufügen. Die Brühe durchseihen, erkalten lassen und entfetten. Gegebenenfalls auf die gewünschte Menge einkochen.

Fischbrühe

- 1 große Möhre
- 1 Lauchstange
- 1 kleine Stange Staudensellerie
- 1 kleine Knoblauchzehe
- 1 kg Fischköpfe und Gräten von magerem Seefisch (Kabeljau, Meeräsche, Schellfisch)
- 1 Lorbeerblatt
- 3 Stiele Thymian
- 1 EL grobes Salz
- 6 Pfefferkörner

Möhre, Lauch und Sellerie säubern und in Scheiben schneiden. Knoblauch schälen und halbieren. Fischköpfe und -gräten, Gemüse, Kräuter, Salz und Pfefferkörner in einen großen Topf geben, mit Wasser bedecken und zum Kochen bringen. Die Brühe unbedeckt 30 Minuten bei mittlerer Hitze köcheln lassen und dann durch ein feinmaschiges Sieb abseihen, dabei die Fischreste mit einem Holzlöffel ausdrücken. Gegebenenfalls auf die gewünschte Menge einkochen.

Gemüsebrühe

- 2 mittlere Zwiebeln
- 1 kleine Knoblauchzehe
- 2 große Möhren
- 1 Lauchstange
- 200 g Sellerieknolle
- 200 g Petersilienwurzel
- 1–2 EL Öl
- 5 Stiele Petersilie
- 1–2 Stiele Thymian
- 1–2 Lorbeerblätter
- 5 Pfefferkörner
- 1–2 Gewürznelken
- Salz

Zwiebeln schälen und vierteln. Den Knoblauch schälen und zerdrücken. Das Gemüse säubern, waschen und grob zerkleinern. Das Öl in einem großen Topf erhitzen und die Zwiebel darin leicht anrösten. Gemüse und Knoblauch zugeben und 5 Minuten sanft anschwitzen. Mit 2 l Wasser aufgießen und zum Kochen bringen. Gewaschene Petersilie, Thymian, Lorbeerblätter, Pfefferkörner und Nelken zufügen und 1 Stunde bei schwacher Hitze köcheln lassen. Die Brühe durch ein feinmaschiges Sieb abgießen und mit Salz abschmecken.

Je nach Geschmack und Vorratskammer kann die Brühe mit Fenchelknolle, Pastinake, Stangensellerie, Tomate, verschiedenen Küchenkräutern und Gewürzen angereichert werden.

Wichtiges Küchenzubehör

Töpfe

Für Suppen und Eintöpfe sind Töpfe mit dickem Boden (Gusseisen, Edelstahl, Kochkeramik) hervorragend geeignet. Sie verteilen die Hitze gleichmäßig, was ein Anbrennen verhindert. Die Aufheizgeschwindigkeit ist ein wichtiges Qualitätsmerkmal, da man weniger Energie zum Kochen benötigt. Edelstahl ist besser als Aluminium, da Aluminium die Wärme nicht so gut halten kann. Außerdem sind die Töpfe meist antihaftbeschichtet und können, wenn sie leer überhitzt werden, giftige Dämpfe absondern. Um weiteren Energieverlust zu verhindern, sollten die Deckel der Töpfe gut schließen. So kann sich im Deckelrand keine Feuchtigkeit sammeln, die dann außen herunterläuft und anbrennt. Im Idealfall sollte ein Suppentopf ein Fassungsvermögen von 4 bis 5 Litern haben. Achten Sie beim Kauf darauf, dass die Griffe stabil und groß genug sind – machen Sie einen Rütteltest, vor allem bei montierten Kunststoffgriffen. Es gibt bei Töpfen aus Metall sogenannte Kaltgriffe, sodass Sie unbedenklich und schnell zugreifen können. In anderen Fällen nutzen Sie immer Topfhandschuhe. Der Preis sagt nicht unbedingt etwas über die Qualität aus: In einem Test 2009 gehörte der Sieger zu den günstigeren Töpfen.

Pfannen

Auch bei Suppen müssen hin und wieder Zutaten wie Gemüse oder Gewürze vorab angeröstet werden, um ihnen Aroma zu entlocken. Dafür empfehlen wir eine kleine und eine mittelgroße Pfanne. Da gerade Gewürze häufig ohne Fett angeröstet werden müssen, raten wir Ihnen zu einer antihaftbeschichteten Pfanne. Sie können aber natürlich auch mit einer gut versiegelten gusseisernen Pfanne arbeiten. Bei einer Beschichtung achten Sie vor allem darauf, dass sie besonders widerstandsfähig ist. Unser Test von 2015 hat gezeigt, dass es im Handel gute und robuste Pfannen gibt. Die Reinigung der Pfannen ist kinderleicht, da kaum etwas anhaftet. Ein Aber gibt es: Antihaftbeschichtete Pfannen vertragen keine Temperaturen über 230 °C und sind für scharfes Anbraten nicht geeignet. Auch hier besteht die Gefahr, dass die Beschichtung giftige Dämpfe absondert. Sie sollten auf keinen Fall mit Metallbesteck arbeiten, da diese schnell Partikel von der Beschichtung kratzen können. Auch bei der Reinigung sind Scheuermittel und ein rauer Schwamm, vor allem aus Metall, tabu.

Messer

Mit einem guten scharfen Messer steht und fällt der Erfolg in jeder Küche. Wichtig ist vor allem, dass das Messer robust ist, denn harte Möhren, Rübchen oder Sellerieknollen sind Bestandteil beinahe jeder Suppe. Ein Test aus dem Jahr 2014 hat gezeigt, dass man auf die Härte des Stahls achten sollte. Weicherer Stahl stumpft schneller ab und die Messer müssen früher nachgeschliffen werden. Messer sollten Sie immer mit der Hand waschen und nicht in der Spülmaschine, hier können sie rosten und schnell abstumpfen.

Hackbeil

Knochen geben jeder Brühe ein besonders intensives Aroma. Nicht immer bekommen Sie im Handel Suppenknochen bereits zerkleinert. Daher sollte man ein Hackbeil besitzen. Achten Sie darauf, dass der Griff stabil angebracht ist und Sie einen guten Halt haben.

Gemüseschäler

Sie können Gemüse auch mit einem kleinen Gemüsemesser schälen, aber ein Sparschäler mit einem breiten Griff, der gut in der Hand liegt, erspart viel Zeit beim Putzen des Gemüses.

Sieb (Metall)

Ein großes und feinmaschiges Sieb benötigt man vor allem zum Abseihen von Fleisch- und Fischbrühen usw. Ein Durchschlag, mit einem Durchseihtuch ausgelegt, eignet sich ebenfalls.

Mörser

Zum Zerkleinern und Mahlen der Gewürze. Nur frisch gemahlene Gewürze geben volles Aroma. Anstelle des Mörsers kann ein Blitzhacker verwendet werden, ist aber für kleine Mengen Gewürz nicht ideal.
Tipp: Die Gewürze, besonders wenn gemahlen, in Schraubgläser füllen und im Küchenschrank lichtgeschützt aufbewahren.

Mixer (oder Küchenmaschine)

Zum Zerkleinern und Hacken von Fleisch und Fisch, etwa für Suppenklößchen, ist ein Mixer bzw. eine Küchenmaschine besonders hilfreich.

Stabmixer

Ein Stabmixer ist ideal für das Pürieren von Suppen, um eine cremige Konsistenz zu erhalten. Auch Kräuter lassen sich schnell und einfach hacken und sogar Gemüse kann damit – Extra-Zubehör vorausgesetzt – geschnipselt werden. Achten Sie beim Kauf darauf, dass das Gerät für Sie bequem in der Hand liegt.
Tipp: Halten Sie den Stabmixer leicht schräg in den Topf, nicht senkrecht, so saugt er sich nicht am Topfboden fest.

Weitere Küchenutensilien

Schaumkelle

Eine Schaumkelle benötigen Sie vor allem beim Abschöpfen von Schaum, der sich beim Auskochen von Fleisch und Knochen bildet. Sie hilft aber auch dabei, ein Kräuterbund und andere Zutaten, die nicht bis zum Ende der Garzeit in der Suppe bleiben, zu entfernen.

Suppenkelle

Ohne eine Suppenkelle geht es in der Suppenküche sicher nicht. Achten Sie darauf, dass die Kelle groß genug ist, sodass Sie bei üppigen Suppen mit großen Gemüse- und Fleischstücken genug herausschöpfen können.

APPELSAFT
APPELSAFT
APPELSAFT
APPELSAFT

EUROPA

In Europa erwartet man von einer Suppe das gleiche wie anderswo auf der Welt auch: Sie soll sättigen, bei guter Gesundheit halten – in bestimmten Fällen sogar gesund machen – und erschwinglich sein.

Die Basis vieler Suppengerichte besteht aus Grundnahrungsmitteln wie Kartoffeln, Kohl, Erbsen, Linsen oder Bohnen, die je nach Region und Saison mit Gemüse und frischen Kräutern bereichert wird. Wenn Fleisch dazukommt, sind es meistens die günstigen Stücke (Ochsenschwanz, Hals, Rinderbrust ...) – nicht umsonst Suppenfleisch genannt.

In Küsten- und Seeregionen trifft man selbstverständlich auf Fischsuppen, wobei die Fischabfälle – Kopf, Schwanz und Gräten – für den Fischsud benutzt werden (ebenso wie Fleischknochen für die Bouillon), alles findet Verwendung. Und dort, wo man Käse herstellt, taucht er natürlich auch in der Suppe wieder auf, wie bei der Schweizer Berghüttensuppe (Seite 42).

Brot, das europäische Grundnahrungsmittel überhaupt, erscheint auf vielerlei Weise auch in der Suppe: fein zerkleinert im Gazpacho (Seite 36), mit Käse überbacken auf der französischen Zwiebelsuppe (Seite 34), fermentiert im polnischen Żurek (Seite 27), zu Knödeln verarbeitet in der Rinderbouillon oder mit Bier, Zucker und Sahne verquirlt im dänischen Øllebrød (Seite 22). Alles ebenso interessante wie köstliche Varianten der altbekannten Brotsuppe.

1 SUPPENGRÜN
Das klassische Suppengrün besteht aus Karotte, Sellerie, Lauch und Petersilie oder anderen Kräutern, je nachdem, was gerade zur Hand ist.

2 KOHLSORTEN
Wirsing, Weißkohl, Rosenkohl und Co. sind klassische europäische Wintergemüse: Sie werden im Winter geerntet und lassen sich gut lagern. Die meisten Sorten sind sehr vitaminreich.

3 MÖHREN
Die ursprüngliche Wildform der Möhre stammt aus Afghanistan und war rotviolett. Im Mittelalter gab es in Europa weiße, gelbe, rote, grüne, violette und schwarze Möhren. Unsere heutige orangefarbene Möhre ist im 17. Jahrhundert in den Niederlanden durch die Kreuzung von weißen und roten Möhrenarten entstanden.

4 PFERDEBOHNEN
Die Pferdebohne findet man auch unter dem Namen Dicke Bohne oder Puff- und Saubohne. Frisch geerntet hat die Bohne einen fein süßlichen und zarten Geschmack.

5 GARTENBOHNEN
Zur Pflanzenart der Gartenbohne gehören unzählige Sorten. Man unterscheidet zwischen Filetbohnen, d. h. grün geernteten Bohnensorten mit fleischiger Hülse (z. B. Prinzessbohne, Stangenbohne, Wachsbohne, Brechbohne), und Kernbohnen, d. h. ausgereiften Bohnensorten, bei welchen nur die Samen bzw. Bohnenkerne verzehrt werden (z. B. Feuerbohne, Perlbohne, Wachtelbohne, weiße Bohne, Kidneybohne).

6 BROT

Brot gehörte in Europa zu den Grundnahrungsmitteln und wurde auch zur Suppe gereicht. Meistens handelte es sich dabei um Roggen- oder Mischbrot, auf Sauerteigbasis, das war billiger als Weißbrot. Da Brot kostbar war, verwendete man Brotreste u. a. für die Herstellung diversester Suppen (z. B. dänisches Øllebrød, französische Zwiebelsuppe, spanische Gazpacho).

7 KARTOFFELN

Am Anfang wussten die Europäer nicht, wie die Kartoffel zu verzehren war: Sie aßen die giftigen, kleinen Tomaten ähnelnden Früchte der Kartoffelpflanze, und hielten danach die ganze Pflanze für ungenießbar.

8 KNOLLENSELLERIE

Sellerie hat einen besonders hohen Gehalt an ätherischen Ölen, die ihm seinen typischen und würzigen Geschmack verleihen. Bekommen Sie die Knolle auch mit Blättern, können Sie auch diese zum Würzen verwenden (aber nicht mit Staudensellerie verwechseln!).

9 BOHNENKRAUT

Bohnenkraut gehört zu den beliebtesten Küchenkräutern und wird besonders gern in Bohnengerichten verwendet, daher sein Name. Aber auch in Erbsen- oder Linsensuppe, wie überhaupt in deftigen Eintöpfen, macht sich das würzige Kraut hervorragend. Bohnenkraut hat ein intensives, an Thymian und Pfeffer erinnerndes Aroma.

10 ROTE BETE

Früher hielt man Rote Bete wegen ihres tiefroten Pflanzenfarbstoffs für blutbildend. Heute weiß man, dass vor allem ihr Gehalt an Eisen und Folsäure für die Blutbildung eine Rolle spielen. Die zarten Blätter der Rübe können Sie wie Spinat z. B. für einen Salat verwenden.

11 GERSTE

Gerste gehört mit Einkorn und Emmer zu den ältesten vom Menschen angebauten Getreidesorten (ab 7 000 v. Chr. im Vorderen Orient). Gerste dient(e) hauptsächlich zur Herstellung von Brot (Fladen), Suppen (Grütze) und Alkohol. In Form von Graupen oder Perlgraupen ist sie fester Bestandteil vieler Suppen und Eintöpfe.

SCHWEDEN

ÄERTSOPPA

Erbsensuppe

Im mittelalterlichen katholischen Schweden war Erbsensuppe mit Speck das traditionelle Donnerstagsmahl. Freitags wurde gefastet, da musste man sich am Vorabend mit etwas Solidem stärken. Seitdem zum schwedischen Nationalgericht erkoren, kommt die Erbsensuppe weiterhin, trotz Reformation, am Donnerstag auf den Tisch (heutzutage hauptsächlich im Winter).

4 PORTIONEN

- 350 g getrocknete gelbe Erbsen
- 2 Zwiebeln (150 g)
- 2 Gewürznelken
- 1 große Möhre (100 g)
- 1 EL Schmalz (oder Butter)
- 1,5 l Fleischbrühe (oder nur Wasser)
- 250 g Schweinebauch (durchwachsener Speck)
- 1 Lorbeerblatt
- ½ TL Majoran (nach Geschmack)
- Salz, Pfeffer
- 2 EL gehackte Petersilie
- Schwedischer süß-scharfer grober Senf (oder Meaux-Senf)

ZUBEREITUNGSZEIT 15 Minuten
EINWEICHZEIT 1 Nacht
GARZEIT 90 Minuten

1 Die Erbsen in eine Schüssel geben, reichlich mit kaltem Wasser bedecken und über Nacht quellen lassen.

2 Die Zwiebeln schälen, eine Zwiebel ganz lassen und mit den Nelken spicken. Die zweite Zwiebel fein hacken. Die Möhre schälen und in feine Scheiben schneiden.

3 Das Schmalz in einem großen Topf erhitzen. Die gehackte Zwiebel und die Möhrenscheiben dazugeben und 5 Minuten anschwitzen. Die Erbsen abgießen, gut abtropfen lassen, zu dem Gemüse geben und kurz mitdünsten. Die Brühe angießen. Das Fleisch, die ganze Zwiebel, Lorbeerblatt, Majoran und etwas Pfeffer hinzufügen. Wenn nötig, etwas Wasser zugeben, sodass alles gut bedeckt ist. Zum Kochen bringen und dann bedeckt etwa 90 Minuten sanft köcheln lassen, bis die Erbsen anfangen zu zerfallen.

4 Das Fleisch aus dem Topf nehmen, in kleine Stücke schneiden – Fett und Schwarte eventuell entfernen – und wieder in die Suppe geben. Die Erbsensuppe mit Salz abschmecken, Petersilie darüberstreuen und heiß servieren. Schwedischen Senf dazu reichen.

PRO PORTION
E 29 g · KH 40 g · F 23 g
487 kcal

FINNLAND

LOHIKEITTO

Lachssuppe

Der Lachs gehörte noch im 19. Jahrhundert zu den meistgefangenen Fischen Europas und war sehr preiswert. Er galt deshalb als Arme-Leute-Essen. Es soll damals in den Richtlinien für Hausangestellte gestanden haben, dass man ihnen trotzdem nicht öfter als einmal pro Woche Lachs vorsetzen durfte. Heute ist der Lachsbestand stark gefährdet, achten Sie daher darauf, dass er aus nachhaltiger Fischerei oder Zucht stammt. Dabei hilft Ihnen das Siegel des MSC.

4 PORTIONEN

- 8 kleine festkochende Kartoffeln (600 g)
- 2 kleine Möhren (100 g)
- 1 mittlere Zwiebel (80 g)
- 1 Lauchstange, weißer und hellgrüner Teil
- 500 g Lachsfilet (2–3 cm dick) ohne Haut
- 1 l Fischbrühe
- 5 schwarze Pfefferkörner
- 1–2 Lorbeerblätter
- 200 ml flüssige Sahne (oder Crème fraîche)
- Salz, Pfeffer
- 2 EL frischer Dill, gehackt

ZUBEREITUNGSZEIT 15 Minuten
GARZEIT 25 Minuten

1 Kartoffeln und Möhren schälen. Die Kartoffeln grob würfeln und die Möhren in feine Scheiben schneiden. Die Zwiebel schälen und fein hacken. Die Lauchstange waschen und in Scheiben schneiden. Das Lachsfilet in Würfel von etwa 2 cm Kantenlänge schneiden und dabei eventuell verbliebene Gräten entfernen.

2 Die Fischbrühe mit den Möhrenscheiben, der gehackten Zwiebel, den Pfefferkörnern und den Lorbeerblättern in einen großen Topf geben, erhitzen und bedeckt 5 Minuten bei mittlerer Hitze garen. Die Lauchscheiben und die Kartoffelwürfel hinzufügen und weitere 15 Minuten garen.

3 Sobald das Gemüse fast gar ist, die Lachswürfel in die Suppe geben und bei schwacher Hitze etwa 5 Minuten ziehen lassen. Den Herd ausschalten und die Sahne einrühren. Die Suppe mit Salz und Pfeffer abschmecken und mit Dill bestreuen.

TIPP In Finnland wird Schwarzbrot zu dieser Lachssuppe gereicht.

PRO PORTION
E 31g • KH 26g • F 30g
510 kcal

DÄNEMARK

ØLLEBRØD

Biersuppe

Fast überall in Europa, wo man Bier braute, wurde auch Biersuppe gekocht. Die Suppe war billig und galt als gesundheitsfördernd und stärkend. Im 18. Jahrhundert gehörte die Biersuppe sogar auf den Speiseplan des preußischen Adels: Friedrich der Große soll mit Biersuppe aufgezogen worden sein. Je nach Land und Bräuchen besteht die Basis der Suppe aus hellem oder dunklem Bier. In Deutschland gibt man gerne Rosinen und Apfelschnitze in die Biersuppe, in Russland mischt man Backobst darunter, in Dänemark besteht die Basis aus Pumpernickel und dunklem Bier und die Sahnehaube darf nicht fehlen.

V

4 PORTIONEN

- 4 Scheiben Pumpernickel (oder altbackenes Schwarzbrot)
- 1 Stück Zimtstange
- 2 Streifen Schale von 1 Bio-Zitrone
- 500 ml dunkles Bier (oder Malzbier)
- 40 g Zucker
- 1 Prise Salz
- 2 Eigelb
- 250 ml Schlagsahne

ZUBEREITUNGSZEIT 10 Minuten
EINWEICHZEIT 1 Nacht
GARZEIT 20 Minuten

1 Am Abend vorher das Brot in kleine Stücke schneiden oder zerkrümeln, in eine Schüssel geben und mit kaltem Wasser bedecken.

2 Am nächsten Tag das Schwarzbrot mit dem Einweichwasser, Zimtstange und Zitronenschale in einen Topf geben und etwa 15 Minuten sanft kochen. Zimtstange und Zitronenschale entfernen, den Brei durch ein Sieb in einen zweiten Topf streichen und mit dem Bier verrühren. Mit Zucker und Salz würzen und nochmals kurz aufkochen.

3 Die Eigelbe zuerst mit der Hälfte der Sahne verquirlen und dann 3 EL Suppe unterrühren. Die Mischung unter die heiße Biersuppe ziehen und nicht mehr kochen lassen.

4 Die Biersuppe auf 4 Schalen verteilen. Die restliche Sahne steif schlagen, auf die Suppenschalen geben und gleich servieren.

PRO PORTION
E 5 g · KH 33 g · F 23 g
387 kcal

DEUTSCHLAND

BIRNEN, BOHNEN & SPECK

Diese typisch schleswig-holsteinische Suppe wird traditionell zum Ende des Sommers gekocht. Wichtig dafür sind die kleinen grünen, noch etwas harten Birnen, dadurch erhält die Suppe ihren würzig-süßen Geschmack. Man kann natürlich auch Williams Christ nehmen, aber man muss dann aufpassen, dass sie nicht verkochen. Grüne Kochbirnen gehören zu den alten Birnensorten, die ausschließlich gekocht oder gebacken verzehrt werden, da sie sehr fest sind. Sie verleihen den Gerichten ein besonderes Aroma.

4 PORTIONEN

- 600 g geräucherter durchwachsener Speck in einem Stück
- 600 g frische grüne Bohnen (Brechbohnen)
- 1 Stiel Bohnenkraut (oder 1 TL getrocknetes)
- Pfeffer
- 8 kleine feste Kochbirnen (oder 4 große/800 g)
- ½ Bund Petersilie
- Salz
- 1 Prise Zucker
- 1 EL Apfelessig (nach Geschmack)

ZUBEREITUNGSZEIT 15 Minuten
GARZEIT 55 Minuten

1 Den Speck in einen großen Topf geben, knapp mit Wasser bedecken und zugedeckt zum Kochen bringen. Bei schwacher Hitze 30 Minuten ziehen lassen. Inzwischen die Bohnen säubern – wenn nötig Fäden abziehen –, waschen und halbieren. Die Bohnen zum Speck geben, Bohnenkraut hinzufügen und mit Pfeffer würzen. Eventuell ein wenig heißes Wasser zugießen, sodass alles knapp bedeckt ist, und den Eintopf 15 Minuten weitergaren.

2 Die Birnen abspülen, vom Blütenansatz befreien und mit Stiel auf die Bohnen legen (sie müssen nicht vollkommen von der Brühe bedeckt sein). Die Suppe noch etwa 10 Minuten sanft köcheln lassen, bis die Birnen gerade weich sind.

3 Die Petersilie waschen, trocknen und fein hacken. Die fertige Suppe mit Salz, Pfeffer, Zucker und Essig abschmecken und den Speck in Scheiben schneiden. Den Eintopf heiß, mit Petersilie bestreut servieren.

TIPP Traditionell werden zu Birnen, Bohnen und Speck Pellkartoffeln gereicht.

PRO PORTION
E 28 g • KH 31 g • F 44 g
644 kcal

BELGIEN

HOCHEPOT

Fleisch-Gemüse-Suppe

Wichtig in diesem aus Flandern stammenden Eintopf ist der Ochsenschwanz. In den meisten Rezepten kommen allerdings verschiedene Fleischstücke – Rind, Schwein und Lamm – hinzu und machen aus der Suppe eine opulente Mahlzeit. Hochepot leitet sich aus dem Altfranzösischen „hottison" ab und bedeutet „schütteln" oder „rütteln". Wahrscheinlich wurde früher an dem an einer Kette über dem Feuer hängenden Suppenkessel ab und zu gerüttelt, um den Inhalt zu mischen.

4 PORTIONEN

- 500 g Lammschulter in einem Stück, ohne Knochen
- 1 kg Ochsenschwanz (in etwa 5 cm dicke Scheiben zerteilt)
- 2 Schweinsfüße, der Länge nach halbiert + 1 Schweineohr (oder 1 Schweinshaxe à 500 g)
- 250 durchwachsener Speck
- Salz
- 1 große Zwiebel (100 g)
- 3 Nelken
- 2 Knoblauchzehen (6 g)
- Kräuterbund (2 Stiele Thymian, 1 Lorbeerblatt, 1 Lauchstange, dunkelgrüner Teil, zusammengebunden)
- 6 Wacholderbeeren
- Pfeffer
- 4 mittelgroße, festkochende Kartoffeln (400 g)
- 3 Möhren (250 g)
- 4 Rübchen (300 g)
- ¼ Sellerieknolle (200 g)
- 4 Lauchstangen (weißer und hellgrüner Teil) (500 g)
- ½ Wirsingkohl (oder Weißkohl) (400 g)

PRO PORTION
E 67 g • KH 27 g • F 50 g
853 kcal

ZUBEREITUNGSZEIT 25 Minuten
GARZEIT 3 Stunden

1 Die Lammschulter mit Küchengarn wie einen Braten zusammenbinden und mit dem anderen Fleisch in einen großen Topf geben. 1 EL Salz und reichlich kaltes Wasser dazugeben, sodass alles gut bedeckt ist. Zum Kochen bringen und sorgfältig abschäumen.

2 Die Zwiebel schälen und mit den Nelken spicken, die Knoblauchzehen ebenfalls schälen. Beides zusammen mit dem Kräuterbund, Wacholderbeeren und etwas Pfeffer zum Fleisch geben und 2 Stunden bei schwacher Hitze garen. Zwischendurch regelmäßig Schaum und Fett abschöpfen.

3 Inzwischen Kartoffeln, Möhren, Rübchen und Sellerie schälen. Das Gemüse zu dem Fleisch geben, abdecken und weitere 30 Minuten leicht köcheln lassen. Die Lauchstangen waschen und ganz lassen. Den Kohl vom Strunk befreien und vierteln. Beides in die Suppe geben und noch 30 Minuten fertig garen.

4 Das Kräuterbund entfernen. Das Fleisch zerteilen und mit dem Gemüse auf einer vorgewärmten Platte anrichten. Die Brühe mit Salz und Pfeffer abschmecken und in eine vorgewärmte Suppenschüssel geben. Rustikales Brot und Senf dazu reichen.

POLEN

ŻUREK

Saure Suppe

Żurek ist die traditionelle Ostersuppe in Polen. Seit jeher werden für den Żur ein paar Scheiben altbackenen Roggenbrotes in einen speziellen Steinguttopf gelegt. Man gab ein wenig Kümmel dazu, goss Wasser darauf und bedeckte den Topf mit einem Tuch. Das Ganze musste dann mehrere Tage an einem zimmerwarmen Ort stehen. An dieser einfachen Herstellung hat sich bis heute nichts verändert. Dieser Sauerteigansatz bringt der Suppe ihr besonderes, leicht säuerliches Aroma.

V

4 PORTIONEN

- 2 Roggenbrotkrusten + 2 Mischbrotkrusten (etwa 200 g)
- 1 TL Kümmel
- 500 g Suppengrün (Möhren, Sellerieknolle, Petersilienwurzel)
- Salz, Pfeffer
- 2–3 EL Roggenmehl
- 1 Knoblauchzehe
- ½ TL getrockneter Majoran
- 200 g geräucherter Speck
- 1 große Zwiebel (100 g)
- 1 EL Öl
- 8 mittelgroße festkochende Kartoffeln, geschält, dampfgegart (800 g)
- 4 hartgekochte Eier, geviertelt

PRO PORTION
E 19 g • KH 33 g • F 22 g
425 kcal

ZUBEREITUNGSZEIT 20 Minuten
FERMENTATION DES ŻUR 4 bis 5 Tage
GARZEIT 40 Minuten

1 Für den Żur (den Sauerteig): 300 ml abgekochtes warmes Wasser mit Brotkrusten und Kümmel in einen Tontopf oder eine Porzellanschüssel (Metall und Plastik vermeiden) geben, umrühren, mit einem sauberen Tuch abdecken und 4 bis 5 Tage an einem zimmerwarmen Ort fermentieren lassen, bis die Flüssigkeit einen leicht sauren, angenehmen Geschmack angenommen hat. Dies ist die Basis der Suppe.

2 Anschließend: Das Suppengrün säubern bzw. schälen, fein schneiden und in einen Topf geben. 1 l Wasser sowie etwas Salz und Pfeffer zugeben und 30 bis 40 Minuten zugedeckt bei schwacher Hitze kochen lassen.

3 Die Gemüsebrühe durch ein Sieb abgießen und wieder in den Topf geben (das Gemüse nicht weiterverwenden). Den sauren Brottrunk dazugeben und die Suppe erhitzen. 2–3 EL Roggenmehl mit etwas Wasser anrühren, in die kochende Brühe geben und leicht andicken lassen.

4 Die Knoblauchzehen schälen, zerdrücken und mit dem Majoran in die Suppe geben, noch weitere 5 Minuten sanft köcheln lassen.

5 Den Speck würfeln und ohne Fettzugabe in einer Pfanne knusprig anbraten, herausnehmen und beiseitestellen. Die Zwiebel schälen, würfeln und in derselben Pfanne mit dem Öl goldbraun anbraten.

6 Kartoffeln und Speck auf 4 tiefe Teller verteilen und die sehr heiße Suppe daraufgeben. Mit Eivierteln und Zwiebeln garnieren.

TIPP Wer sich nicht an die Zubereitung des Żur heranwagt, kann auch Trocken-Sauerteig aus dem Reformhaus oder Bioladen verwenden.

VEGETARISCHE VARIANTE Den Speck weglassen und 8 Eier rechnen.

ENGLAND

OXTAIL SOUP

Ochsenschwanzsuppe

Der Legende nach haben die Briten ihre Oxtail Soup Alexis Soyer, dem berühmtesten französischen Koch Londons im 18. Jahrhundert, zu verdanken. Er war bekannt dafür, keine Lebensmittel zu vergeuden. Zur Zeit der großen irischen Hungersnot eröffnete er in Dublin mehrere Suppenküchen, wo für wenig Geld nahrhafte Suppen angeboten wurden. Ochsenschwanz und andere preiswerte Fleischstücke fanden hier ihre Verwendung. Er veröffentlichte mehrere Kochbücher, u.a. „Soyer's Charitable Cookery" mit einfachen, billigen Rezepten, dessen Erlös an karitative Einrichtungen verschenkt wurde. Soyer ist ebenfalls der Erfinder des Irish Stew und der nach ihm benannten Sauce Soyer.

4 PORTIONEN

- 2–3 EL Olivenöl
- 1 kg Ochsenschwanz, in Stücke geschnitten
- 1 große Möhre (100 g)
- 1 Rübchen (80 g)
- 1 Stange Staudensellerie
- 1 große Zwiebel (100 g)
- 1 Lorbeerblatt
- 1–2 Stiele Thymian
- 10 schwarze Pfefferkörner
- 2 TL Tomatenmark
- 300 ml Schwarzbier (englisches Stout)
- 1,2 l Rinderfond (oder 1 TL englische Würzpaste + 1,2 l Wasser)
- 1 EL Mehl
- Salz, Pfeffer
- 2 EL gehackte Petersilie

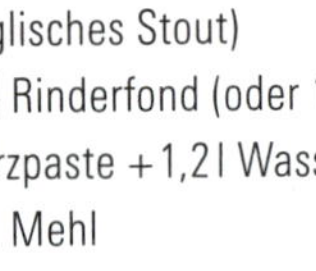

PRO PORTION
E 21 g • KH 7 g • F 29 g
387 kcal

ZUBEREITUNGSZEIT 25 Minuten
GARZEIT 3 Stunden

1 Das Öl in einem Schmortopf erhitzen und die Ochsenschwanzstücke darin von allen Seiten kross anbraten, evtl. in 1 oder 2 Schüben. Die Ochsenschwanzstücke auf eine Platte geben und beiseitestellen.

2 Möhre, Rübchen, Sellerie und Zwiebel säubern bzw. schälen und in Scheiben schneiden.

3 Das Gemüse in den Schmortopf geben und bei mittlerer Hitze 5 Minuten anschwitzen, dabei des Öfteren umrühren. Lorbeerblatt, Thymian, Pfefferkörner und Tomatenmark hinzufügen, umrühren und weitere 2 Minuten garen. Das Bier zugießen und kurz aufkochen lassen.

4 Die Ochsenschwanzstücke wieder in den Topf geben, den Rinderfond angießen (bzw. 1 TL englische Würzpaste + 1,2 l Wasser zufügen) und zum Kochen bringen. Die Hitze reduzieren und das Ganze bedeckt 2½ bis 3 Stunden sanft köcheln lassen. Wenn das Fleisch anfängt, sich von den Knochen zu lösen, hat es die richtige Konsistenz. Die Ochsenschwanzstücke auf einen Teller geben und etwas abkühlen lassen.

5 Ein feinmaschiges Sieb über einen großen Topf hängen, die Kochflüssigkeit abseihen und mit einem Holzlöffel gut ausdrücken. Das Fleisch von den Knochen ablösen und in die aufgefangene Brühe geben. Die Suppe erneut zum Kochen bringen.

6 Das Mehl mit 3 EL Brühe glatt rühren, in die kochende Suppe geben und andicken lassen. Die Suppe mit Salz und Pfeffer abschmecken, mit gehackter Petersilie bestreuen und heiß servieren. Brot dazu reichen.

TIPP Für eine etwas magerere Suppe die abgeseihte Kochflüssigkeit und das abgelöste Fleisch getrennt über Nacht in den Kühlschrank stellen. Am nächsten Tag die Fettschicht von der Brühe entfernen, das Fleisch wieder hineingeben und dann die Suppe andicken.

SCHOTTLAND

SCOTCH BROTH

Gerstensuppe mit Lammfleisch & Wurzelgemüse

Gerste, wie auch Hafer, gehörte zu den schottischen Grundnahrungsmitteln, denn sie ist den klimatischen Verhältnissen dort besser angepasst als Weizen. So ist es nicht erstaunlich, dass die Gerste überall wieder auftaucht: Sie ist die Basis der Bier- und Whiskybrauerei, dient zum Andicken der Suppen und wird zu Brot und Kuchen verbacken.

4 PORTIONEN

- 500 g Lammnacken, in Scheiben
- 3 EL Perlgraupen (Kochgerste)
- 2 EL Schälerbsen
- ¼ Wirsingkohl (300 g)
- 1 Lauchstange (weißer und hellgrüner Teil)
- 1 große Möhre (100 g)
- 1 Rübchen (80 g)
- 1 mittlere Zwiebel (80 g)
- Salz, Pfeffer
- 2 EL gehackte Petersilie

PRO PORTION
E 28g · KH 18g · F 21g
390 kcal

ZUBEREITUNGSZEIT 15 Minuten
GARZEIT 1 Stunde + 50 Minuten

1 · Das Fleisch, die Perlgraupen und die Erbsen mit 1,2 l kaltem Wasser in einen Topf geben und zum Kochen bringen. Schaum abschöpfen, dann mit Deckel bei schwacher Hitze 1 Stunde garen.

2 Den Kohl säubern, vom Strunk befreien und in Streifen schneiden. Die Lauchstange waschen und in Ringe schneiden. Möhren und Rübchen schälen und in kleine Würfel schneiden. Die Zwiebel schälen und in dünne Ringe schneiden.

3 Alles Gemüse – bis auf den Kohl – zum Fleisch geben und 30 Minuten weitergaren. Zum Schluss die Kohlstreifen in den Topf geben und noch 20 Minuten köcheln lassen.

4 Die Nackenknochen aus dem Topf nehmen, das Fleisch entfernen und wieder in die Suppe geben. Die Suppe mit Salz und Pfeffer abschmecken, mit Petersilie bestreuen und heiß servieren. Grobes Bauernbrot dazu reichen.

IRLAND

IRISH STEW

Herzhafter Lammfleisch-Eintopf

In einen Irish Stew, der etwas auf sich hält, gehört unbedingt irisches Schwarzbier. Das heute weltweit berühmte irische Stout wurde von Arthur Guinness in seiner 1759 gegründeten Brauerei an der St. James Gate in Dublin erfunden. Eigentlich wollte der irische Bierbrauer ein englisches Porter nachahmen und erschuf dabei das legendäre dunkle Bier mit der cremeweißen Schaumkrone. Das besondere Aroma und seine fast schwarze Farbe (in Wirklichkeit tiefrot) verdankt dieses Bier der Verwendung von stark geröstetem Gerstenmalz und -körnern.

4 PORTIONEN

- 500 g Lammschulter ohne Knochen
- 600 g Kartoffeln, festkochend
- 3 Möhren (250 g)
- 3 Zwiebeln (250 g)
- 1 Stange Staudensellerie
- 1–2 EL Öl (oder Butter)
- 3–4 EL Perlgraupen
- ½ TL getrockneter Thymian (oder 3 frische kleine Stiele)
- 1 Lorbeerblatt
- Salz, Pfeffer
- 400 ml Schwarzbier + 900 ml Wasser (oder 1,3 l Lammknochen-Brühe)
- 2 EL gehackte Petersilie

ZUBEREITUNGSZEIT 20 Minuten
GARZEIT 2 Stunden + 45 Minuten

1 Das Lammfleisch vom Fett befreien und in große Würfel schneiden. Kartoffeln und Möhren schälen und in grobe Stücke schneiden. Die Zwiebeln schälen und in Ringe schneiden. Den Sellerie waschen und grob zerkleinern.

2 Das Öl (oder Butter) in einem Schmortopf erhitzen und das Fleisch darin von allen Seiten leicht anbraten. Möhren, Zwiebeln, Sellerie, Perlgraupen, Thymian und Lorbeerblatt hinzugeben, mit Salz und Pfeffer würzen und alles zusammen noch weitere 5 Minuten schwitzen lassen, dabei des Öfteren umrühren.

3 Bier und 900 ml Wasser (oder 1,3 l Brühe) angießen, sodass alles knapp bedeckt ist (eventuell etwas mehr Wasser zugeben) und zum Kochen bringen.

4 Den Topf schließen und etwa 2 Stunden bei schwacher Hitze köcheln lassen, bis das Fleisch gar ist. Dann die Kartoffeln hinzufügen und den Stew noch weitere 30 Minuten fertig garen. Mit Petersilie bestreut servieren.

PRO PORTION
E 26 g • KH 37 g • F 24 g
502 kcal

FRANKREICH

GARBURE

Gemüsesuppe mit eingemachtem Gänsefleisch

Diese gehaltvolle Suppe gehörte zur täglichen Nahrung der Bauern in der Gascogne. Jede Familie hatte ihr eigenes Rezept, die Gemüsesorten wechselten je nach Saison und Garten. Traditionell kam am Ende der Mahlzeit, wenn die Teller fast leer gegessen und nur noch ein wenig Bouillon darin war, ein Schuss kräftiger Rotwein dazu. Das Gemisch wurde dann direkt aus dem Teller geschlürft, was man auf Französisch „faire chabrot" nennt.

4 PERSONEN

- ½ kleiner Wirsingkohl (400 g)
- 300 g festkochende Kartoffeln
- 2 große Möhren (200 g)
- 1–2 Rübchen (150 g)
- 2 Lauchstangen (weißer + hellgrüner Teil, 250 g)
- 2 Knoblauchzehen (6 g)
- 500 g eingemachtes Gänsefleisch mit Fett
- 200 g frische weiße Bohnen, ausgepalt
- 200 g frische Pferdebohnen, ausgepalt
- 1 Stiel Thymian
- 1 Lorbeerblatt
- 1 Stiel Petersilie
- 1 Espelette-Pfefferschote (oder ½ TL Pulver)
- Salz
- 4 Scheiben rustikales Brot vom Vortag

PRO PORTION
E 58 g • KH 71 g • F 22 g
780 kcal

ZUBEREITUNGSZEIT 30 Minuten
GARZEIT 75 Minuten

1 Das Gemüse säubern und waschen. Den Kohl vom Strunk befreien und in feine Streifen schneiden. Kartoffeln, Möhren und Rübchen schälen und grob würfeln. Die Lauchstangen in Ringe schneiden. Die Knoblauchzehen schälen.

2 Von dem Fett, welches das eingemachte Gänsefleisch umgibt, 1 EL abnehmen und in einem Schmortopf erhitzen. Sämtliches Gemüse bis auf den Kohl sowie die Bohnen hinzugeben und 5 Minuten anschwitzen. 2,5 l Wasser angießen, Knoblauch, Thymian, Lorbeer und Petersilie, Pfefferschote (oder gemahlener Pfeffer) und etwas Salz zufügen und bedeckt 30 Minuten bei mittlerer Hitze garen. Die Kohlstreifen hinzufügen und weitere 30 Minuten köcheln lassen.

3 Das Gänsefleisch grob zerteilen und mit 1 EL von seinem Fett kurz in einer Pfanne anbraten, zu dem Gemüse geben und noch 15 Minuten ziehen lassen. Den Eintopf mit Salz abschmecken.

4 Das Fleisch herausnehmen, in Portionen schneiden und auf einer vorgewärmten Platte anrichten. Die Brotscheiben auf 4 tiefe Teller legen und die heiße Brühe mit dem Gemüse daraufgeben. Das Fleisch dazu reichen.

TIPP Wenn keine frischen weißen Bohnen aufzutreiben sind, 100 g Trockenware eine Nacht in kaltem Wasser einweichen, dann wie oben beschrieben verfahren. Die frischen Pferdebohnen können durch Erbsen oder grüne Bohnen ersetzt werden.

FRANKREICH

SOUPE À L'OIGNON

Klassische Zwiebelsuppe

Schon die Römer liebten Zwiebelsuppen. Da Zwiebeln billig waren und einfach im Anbau, stellten sie über Jahrhunderte eine ideale Suppenbasis gerade für die ärmere Bevölkerung dar. Das folgende französische Rezept soll von König Louis XV. erfunden worden sein, als ihn eines nachts in seiner Jagdhütte der Hunger überkam. Auf der Suche nach Vorräten fand er nichts anderes als Zwiebeln, Butter und Champagner – und wahrscheinlich ein paar Brotreste – und so kochte er aus diesen Zutaten die berühmt gewordene Zwiebelsuppe (Champagner wurde später durch Weißwein und Brühe ersetzt).

V

4 PORTIONEN

- 4 mittelgroße Zwiebeln (400 g)
- 30 g Butter
- 20 g Mehl
- 100 ml trockener Weißwein
- 1½ l Hühnerbrühe
- Salz, Pfeffer
- 150 g Gruyère-Käse
- 4 Scheiben rustikales Bauernbrot vom Vortag

ZUBEREITUNGSZEIT 15 Minuten
GARZEIT 45 Minuten

1 Die Zwiebeln schälen und in feine Scheiben schneiden. Die Butter in einem Schmortopf erhitzen, Zwiebelringe hinzugeben und 10 bis 15 Minuten schwitzen lassen, bis sie leicht goldbraun sind, dabei umrühren. (Die Zwiebeln dürfen in keinem Fall anbrennen, sonst wird die Suppe bitter.) Das Mehl über die Zwiebeln streuen, gut umrühren und dann mit der Brühe und dem Weißwein aufgießen. Mit etwas Salz und reichlich Pfeffer aus der Mühle würzen. Die Zwiebelsuppe bei mittlerer Hitze 15 bis 20 Minuten köcheln lassen, sie soll leicht eindicken.

2 Den Gruyère von der Rinde befreien und grob reiben.

3 Den Backofen mit Grillfunktion vorheizen. Die heiße Zwiebelsuppe in eine feuerfeste Suppenschüssel (oder 4 Schüsseln) geben und mit den Brotscheiben bedecken. Den geriebenen Gruyère darüberstreuen und die Suppe 7 bis 8 Minuten unter dem Grill (nicht zu dicht) gratinieren lassen.

VEGETARISCHE VARIANTE Ersetzen Sie die Hühnerbrühe durch die gleiche Menge Gemüsebrühe.

PRO PORTION
E 16 g • KH 31 g • F 19 g
384 kcal

PORTUGAL

CALDO VERDE

Kohlsuppe mit Chorizo

Der Caldo verde ist ein portugiesisches Nationalgericht, das aus der ehemaligen Provinz Minho im Nordwesten Portugals stammt. Der dort angebaute Galega oder „Kuhkohl" (Brassica oleacera var. viridis), dessen Ernte sich fast über das ganze Jahr hinzieht, ist die Hauptzutat der Suppe. Außerhalb der portugiesischen Grenzen ist der Galega unbekannt, obwohl er reicher an Vitamin A und Kalzium ist als andere Kohlsorten. Das Interessante an dem Rezept ist die kurze Garzeit des Kohls, wodurch das Vitamin C erhalten bleibt.

4 PORTIONEN

- 250 g portugiesischer Kohl Galega (oder frischer Frühlings-Wirsingkohl)
- 500 g mehligkochende Kartoffeln
- 1 Knoblauchzehe (3 g)
- 1 EL grobes Meersalz
- 4 EL Olivenöl
- 4–8 Scheiben Chorizo ohne Haut
- Salz, Pfeffer

PRO PORTION
E 6 g • KH 17 g • F 18 g
268 kcal

ZUBEREITUNGSZEIT 10 Minuten
GARZEIT 30 Minuten

1 Die Kohlblätter gründlich waschen und in sehr feine Streifen schneiden. Die Kartoffeln schälen, waschen und würfeln. Den Knoblauch schälen.

2 1,5 l Wasser und das grobe Salz in einen großen Topf geben, abdecken und zum Kochen bringen. Die Kartoffelwürfel und den Knoblauch in das kochende Wasser geben und etwa 25 Minuten garen. Die weichen Kartoffeln und die Knoblauchzehe mit einer Schöpfkelle aus der Brühe nehmen, diese in der Zwischenzeit sanft weiter kochen lassen. Kartoffeln und Knoblauch pürieren.

3 Das Püree zurück in den Topf geben, gut umrühren und 10 Minuten einkochen lassen. Die Kohlstreifen, das Olivenöl und die Chorizoscheiben hinzufügen, mit Salz und Pfeffer abschmecken und etwa 5 Minuten unbedeckt köcheln lassen, bis der Kohl leuchtend grün wird.

4 Den Caldo verde heiß oder warm servieren. Maisbrot dazu reichen.

VEGETARISCHE VARIANTE Den Chorizo weglassen und nach Belieben 150 g Räuchertofu in Scheiben dazugeben.

SPANIEN

GAZPACHO

Der Ursprung dieser kalten Suppe wird in Andalusien vermutet. Die meist armen Bauern dort hatten die Angewohnheit, aus dem trockenen Brot vom Vortag mit Knoblauch, Trockenfrüchten und etwas Essig eine Suppe zu bereiten (sie zerrieben die trockenen Zutaten in ihrem rauen Tongeschirr wie in einem Mörser). Später gesellte sich dann die Tomate dazu und das Gazpacho nahm seine rote Farbe an.

V

4 PORTIONEN

- 100 g trockenes Brot ohne Kruste
- 1 kg vollreife Tomaten
- ½ Salatgurke (300 g)
- 1 kleine rote Paprika (125 g)
- 1 kleine grüne Paprika (125 g)
- 3–4 Frühlingszwiebeln
- 2–3 Knoblauchzehen (6–9 g)
- 4 EL Olivenöl
- 1–2 EL Sherry-Essig
- Salz
- ½ TL Espelettepfeffer (nach Belieben)

PRO PORTION
E 5g • KH 35g • F 11g
282 kcal

ZUBEREITUNGSZEIT 20 Minuten
KÜHLZEIT etwa 2 Stunden

1 Das Brot zum Aufweichen in eine mit kaltem Wasser gefüllte Schüssel legen. Das Gemüse putzen und waschen. Tomaten überbrühen, die Haut abziehen, das Fruchtfleisch vierteln und entkernen. Die Gurke schälen, längs halbieren, eventuell entkernen, und ein Drittel in kleine Würfel schneiden. Die Paprikaschoten halbieren, entkernen und von den weißen Häuten befreien. Ein Drittel beider Schoten in kleine Würfel schneiden. 1 Frühlingszwiebel ebenfalls in feine Stücke schneiden. Die Gurken-, Paprika- und Zwiebelstücke in ein Schälchen geben und im Kühlschrank aufbewahren.

2 Die Tomaten mit den übrigen Dritteln von Gurke, Paprikaschoten und 2 bis 3 Frühlingszwiebeln sowie den abgezogenen Knoblauchzehen in einen Mixer geben. Das Brot ausdrücken und zusammen mit 4 EL Olivenöl und 2 EL Essig hinzufügen und alles zusammen mixen. Falls nötig, ein wenig von dem Einweichwasser des Brotes zugeben, sodass eine gleichmäßige dickflüssige Suppe entsteht.

3 Die Gazpacho in eine Schüssel geben, mit Salz und Espelettepfeffer abschmecken, dann für mindestens 2 Stunden in den Kühlschrank stellen. Danach erneut umrühren, in Gläser oder Schalen geben und die restlichen Gemüsewürfel darauf verteilen. Gut gekühlt servieren.

TIPP Vor dem Servieren 1 EL frisches, fein gehacktes Basilikum oder Thymian über die Suppe streuen.

ITALIEN

MINESTRONE

Der Name dieser Suppe leitet sich von „minestrare" ab, was so viel wie „am Tisch servieren" bedeutet. Jede Region Italiens, um nicht zu sagen jede Köchin (bzw. Koch) besitzt ihr eigenes Minestronerezept. In Mailand kommt Reis dazu, in der Toskana kleine Nudeln, aber überall trifft man auf einen bunten Mix an Gemüsesorten, alles was der Garten gerade so hergibt.

4 PORTIONEN
- 100 g Pancetta/italienischer Speck (optional)
- 1 große Zwiebel (100 g)
- 1 Lauchstange (200 g)
- 1 Stange Staudensellerie
- 2 kleine Zucchini (300 g)
- 2 Möhren (160 g)
- 2 festkochende Kartoffeln (200 g)
- 3 große vollreife Tomaten (300 g)
- ¼ Wirsingkohl (250 g)
- 3 EL Olivenöl
- 200 g frische weiße Bohnen, ausgepalt
- Kräuterbund (1 Lorbeerblatt, 1–2 Stiele Thymian, 3 Stiele Petersilie)
- Salz, Pfeffer
- 100 g kleine Suppennudeln
- 100 g Parmesan

FÜR DAS PESTO
- 1 Bund Basilikum
- 3 Knoblauchzehen (9 g)
- 3 EL Pinienkerne
- 3 EL frisch geriebener Parmesan
- 6 EL Olivenöl, Salz und Pfeffer

PRO PORTION
E 35 g • KH 54 g • F 46 g
800 kcal

ZUBEREITUNGSZEIT 25 Minuten
GARZEIT 70 Minuten

1 Den Speck fein würfeln. Die Zwiebel schälen und fein hacken. Sämtliches Gemüse säubern und waschen. Lauchstange und Sellerie in Scheibchen, Zucchini, Möhren und Kartoffeln schälen und in kleine Würfel schneiden. Die Tomaten überbrühen, die Haut abziehen, entkernen und grob würfeln. Den Wirsingkohl vom Strunk befreien und in feine Streifen schneiden.

2 Das Olivenöl in einem Schmortopf erhitzen und Pancetta und Zwiebel darin 3 Minuten anschwitzen. Das klein geschnittene Gemüse zugeben und alles zusammen 5 Minuten dünsten, dabei ab und zu umrühren. Die weißen Bohnen, das Kräuterbund sowie etwas Salz und Pfeffer zufügen und etwa 1,5 l Wasser angießen, sodass alles gut bedeckt ist. Zugedeckt bei schwacher Hitze 40 bis 50 Minuten garen, bis das Gemüse weich ist. Die Suppennudeln hinzufügen und noch etwa 10 Minuten (nach Packungsanweisung) fertig garen. Die Minestrone nochmals abschmecken und mit geriebenem Parmesan und Pesto servieren.

3 Während der Garzeit der Suppe das Pesto zubereiten: Das Basilikum waschen und gut trocknen. Die Blätter mit den geschälten Knoblauchzehen, den Pinienkernen, dem Parmesan und dem Olivenöl im Mixer zu einer relativ gleichmäßigen Paste mixen. Eventuell etwas mehr Olivenöl zugießen. Mit Salz und Pfeffer abschmecken.

ÖSTERREICH

TIROLER SPECKKNÖDEL-SUPPE

Knödel gibt es in allen Varianten vor allem in Deutschland, in Österreich, in der Schweiz und in Osteuropa. Die Basis der Knödel besteht meistens aus altem Brot bzw. Semmeln oder aus Kartoffeln. Je nach Land und Rezept wird der Grundteig mit frischen Kräutern, Zwiebeln, Eiern, Speck, Leber (Leberknödel), Fleisch oder Käse (Kaspressknödel) verfeinert. Knödel werden entweder in einer Suppe oder als Beilage serviert.

4 PORTIONEN

FÜR DIE FLEISCHBRÜHE

- 250 g Markknochen
- 300 g Suppen-Rindfleisch
- 1 mittlere Zwiebel (80 g)
- 3 Nelken
- Suppengrün (1 Möhre, 1 Stück Sellerieknolle, 3 Stiele Petersilie, 1 Lorbeerblatt, 2 Stiele Thymian)
- 1 EL grobes Salz
- 6 Pfefferkörner, grob zerstoßen
- 1 große Möhre (100 g)
- 1 Lauchstange (150 g)

FÜR DIE KNÖDEL

- 3 altbackene Brötchen (200 g)
- 250 ml Milch
- 2 Eier
- 125 g geräucherter durchwachsener Speck
- 1 mittlere Zwiebel (80 g)
- 20 g Butter
- Salz, Pfeffer
- 1 Prise Muskatnuss
- 2 EL Petersilie, gehackt
- 3 EL Mehl

PRO PORTION
E 19 g • KH 43 g • F 20 g
440 kcal

ZUBEREITUNGSZEIT 40 Minuten
GARZEIT 2 bis 3 Stunden

1 Markknochen und Suppenfleisch in einen Topf geben, mit kaltem Wasser bedecken und zum Kochen bringen. Schaum abschöpfen. Die Zwiebel schälen, mit Nelken spicken und mit dem gewaschenen Suppengrün in die Brühe geben. Mit dem Salz und den Pfefferkörnern würzen und halb zugedeckt etwa 2 bis 3 Stunden (bis das Fleisch gar ist) bei schwacher Hitze köcheln lassen. Knochen, Fleisch und Suppengrün aus der Brühe entfernen. Möhre und Lauchstange säubern bzw. schälen und in feine Scheiben schneiden, in die Brühe geben und 20 Minuten weiter garen.

2 Inzwischen die Knödel anfertigen: Die Brötchen in kleine Würfel schneiden und in eine Schüssel geben. Die Milch erhitzen und über die Brötchenwürfel gießen. Die Eier verquirlen und mit der Brötchen-Milch-Masse vermengen. 30 Minuten ruhen lassen.

3 Den Speck in kleine Würfel schneiden. Die Zwiebel schälen und fein hacken. Beides mit der Butter in einer Pfanne leicht anbraten und zur Knödelmischung geben. Salz, Pfeffer, Muskatnuss, gehackte Petersilie und Mehl hinzufügen und gut vermengen. Die Hände unter kaltem Wasser anfeuchten und aus dem Teig 4 gleich große runde Knödel formen. (Sollte der Teig nicht fest genug sein, etwas Mehl unterkneten).

4 3 l Wasser mit 1 EL Salz in einem großen Topf zum Kochen bringen und dann bei schwacher Hitze leicht simmern lassen. Die Knödel in das siedende Wasser geben und 12 bis 15 Minuten ziehen lassen (das Wasser darf nicht mehr kochen). Die Fleischbrühe wieder erhitzen.

5 Knödel mit der Schaumkelle aus dem Wasser heben und auf 4 tiefe Teller geben. Fleischbrühe dazugießen und mit Petersilie bestreuen.

TIPP Das Suppenfleisch in kleine Würfel schneiden und in der Brühe servieren oder für ein anderes Gericht verwenden.

SCHWEIZ

BERGHÜTTEN-SUPPE

mit Gruyère & Kräutern

Zur Zeit der Almwirtschaft, als die Bauern und Hirten – abseits der Zivilisation – auf den Almhütten Butter und Käse herstellten, mussten sie mit dem, was es vor Ort gab, auskommen. Frisches Gemüse wurde nicht geliefert. Aber auf den saftigen, grünen Almen wuchsen die verschiedensten Kräuter, darunter wilder Spinat und Brennnesseln. Milch und Käse gab es zur Genüge und Kartoffeln, Möhren und Zwiebeln konnte man lagern. Aus diesen Zutaten entstand die ebenso herzhafte wie köstliche Berghüttensuppe.

4 PORTIONEN

- 2 große Kartoffeln (500 g)
- 2 große Möhren (200 g)
- 2 mittlere Zwiebeln (150 g)
- 2 EL Essig
- 1 gute Handvoll Brennnesseln (75 g)
- 1 gute Handvoll junger Spinat oder Mangoldblätter (75 g)
- 40 g Butter
- 1 l Milch
- Salz
- 50 g kleine Suppennudeln
- 100 g Schweizer Gruyère

ZUBEREITUNGSZEIT 20 Minuten
GARZEIT 45 Minuten

1 Kartoffeln und Möhren schälen und in kleine Würfel schneiden. Die Zwiebeln schälen und fein hacken. Eine Schüssel mit kaltem Wasser füllen, 2 EL Essig zugeben (löst Schmutz und desinfiziert) und die Brennnesseln und den Spinat darin gründlich waschen. Die Blätter trocken schütteln, von groben Stielen befreien und in Streifen schneiden.

2 Die Butter in einem Topf erhitzen, Möhrenwürfel und gehackte Zwiebeln dazugeben und 3 Minuten anschwitzen. Mit Milch und mit 500 ml Wasser aufgießen und 15 Minuten sanft köcheln lassen. Dann die Kartoffelwürfel hinzufügen, mit Salz würzen und weitere 15 Minuten garen. Die Suppennudeln zugeben und noch etwa 10 Minuten fertig garen. Zwischendurch regelmäßig umrühren.

3 Sobald das Gemüse weich ist, die Brennnesseln und den Spinat in die Suppe geben, abschmecken und vom Herd ziehen.

4 Den Gruyère in dünne Scheiben schneiden oder reiben, auf 4 tiefe Teller verteilen und die heiße Suppe darübergeben.

TIPP Von den Brennnesseln nur die oberen zarten Blätter verwenden und zum Sammeln Handschuhe anziehen!

PRO PORTION
E 20 g • KH 41 g • F 25 g
489 kcal

GRIECHENLAND

FASSOLÀDA

Bohnensuppe mit Gemüse & Olivenöl

Fassolàda bedeutet Pferdebohne oder dicke Bohne. Dieses griechische Nationalgericht – heute mit weißen Bohnen zubereitet – hat eine lange Tradition, denn schon im Altertum feierte man zu Ehren Apollons das Fest der Pyanepsien („pyanon" bedeutet Bohne), anlässlich dessen man Pferdebohnenragout verzehrte. Im gesamten Mittelmeerraum begegnet man etlichen Varianten der Fassolàda: In Ägypten und im Jemen heißt die Bohnensuppe „Fasoulia", in der Türkei „Kuru Fasülye", in Italien „fagiolata", in Portugal und von dort nach Brasilien ausgewandert „feijoada", in Rumänien und Moldawien „fasole".

4 PORTIONEN

- 400 g getrocknete weiße Bohnen
- 2 Stangen Staudensellerie
- 2 große Möhren (200 g)
- 1 große Zwiebel (100 g)
- 3 EL Olivenöl
- 4 vollreife Tomaten (325 g) (oder 1 kleine Dose geschälte Tomaten)
- 1 EL Tomatenmark
- 3 Stiele Petersilie (oder Koriander)
- 1 Lorbeerblatt
- 1 TL Salz
- 2–3 EL Essig oder Saft von ½ Zitrone

ZUBEREITUNGSZEIT 15 Minuten
GARZEIT 65 Minuten

1 Die Bohnen über Nacht (12 Stunden) in dreifacher Menge kalten Wassers einweichen.

2 Am nächsten Tag die Bohnen abgießen und abtropfen lassen. 1,5 l Wasser erhitzen. Den Sellerie säubern und die Möhren schälen. Beides in Scheibchen schneiden. Die Zwiebel schälen und fein hacken.

3 3 EL Olivenöl in einem Schmortopf erhitzen und das zerkleinerte Gemüse darin 3 Minuten anschwitzen. Die abgetropften Bohnen und das heiße Wasser dazugeben und zugedeckt 30 Minuten sanft köcheln.

4 Die Tomaten überbrühen, die Haut abziehen, entkernen und grob hacken.

5 Gehackte Tomaten, Tomatenmark, frische Kräuter und Gewürze hinzufügen und noch etwa 30 Minuten garen, bis die Bohnen weich sind. Wenn nötig, zwischendurch etwas heißes Wasser zugießen. Die fertige Suppe salzen und mit Essig oder Zitrone abschmecken.

6 Die Fassolàda heiß servieren. Olivenöl und Brot dazu reichen.

PRO PORTION
E 22 g • KH 41 g • F 9 g
400 kcal

UNGARN

GULASCH-SUPPE

Der Ursprung dieser Suppe liegt in der großen ungarischen Tiefebene. Dort kochten die Hirten, die oft lange Strecken mit ihren Rinderherden zurücklegen mussten, in einem Kessel auf offenem Feuer den sogenannten „gulyás" (auf Deutsch „Ochsentreiber" oder „Kuhhirte"). Diese Hirtensuppe bestand anfangs nur aus Speck, Brot, Gewürzen und Fleisch, denn Paprika breitete sich erst im 16. und Tomaten im 18. Jahrhundert in Europa aus.

4 PORTIONEN

- 500 g mageres Rindfleisch (Schulter, Tafelstück)
- 2 große Zwiebeln (200 g)
- 1 Knoblauchzehe (3 g)
- 1 große Möhre (100 g)
- 1 rote Paprikaschote (200 g)
- 2 große vollreife Tomaten (200 g)
- 2 EL Öl
- 1 TL mildes Paprikapulver
- 1 TL scharfes Paprikapulver
- 2 EL ungarische Gulaschcreme (oder Tomatenmark)
- ½ TL gemahlener Kümmel
- ½ TL getrockneter Majoran
- 200 ml Rotwein
- 1 l Rinderbrühe
- Salz, Pfeffer
- 4 mittlere festkochende Kartoffeln (400 g)

PRO PORTION
E 29 g · KH 24 g · F 12 g
354 kcal

ZUBEREITUNGSZEIT 20 Minuten
GARZEIT etwa 3 Stunden

1 Das Fleisch in 2 bis 3 cm große Würfel schneiden. Zwiebeln und Knoblauch schälen und fein hacken. Die Möhre schälen und in Scheibchen schneiden. Die Paprikaschote halbieren, säubern und in Streifen schneiden. Die Tomaten überbrühen, die Haut abziehen, entkernen und grob hacken.

2 Öl in einem Schmortopf erhitzen und die Fleischwürfel darin von allen Seiten anbraten. Das Fleisch aus dem Topf entfernen, die gehackten Zwiebeln hineingeben und ebenfalls andünsten. Paprikapulver darüberstreuen und umrühren. Gehackten Knoblauch, Möhrenscheibchen, Paprikastreifen, Tomaten und die Gulaschcreme (oder Tomatenmark) hinzufügen und gut umrühren. Die Fleischwürfel dazugeben, mit Kümmel und Majoran bestreuen und mit dem Rotwein ablöschen. Das Ganze 2 Minuten kräftig kochen lassen.

3 Dann die Rinderbrühe angießen und, falls nötig, etwas Wasser zugeben, sodass alles gut bedeckt ist. Mit Salz und Pfeffer würzen und zugedeckt 2 bis 3 Stunden bei niedriger Hitze köcheln lassen. Zwischendurch ab und zu umrühren. Inzwischen die Kartoffeln schälen und grob würfeln. Wenn das Fleisch gar ist, die Kartoffelstücke hinzugeben und alles zusammen noch 30 Minuten fertig garen.

SERBIEN

ČORBA OD ŠARANA

Karpfensuppe

Seit dem Mittelalter wurden die aus Asien stammenden Karpfen vielerorts in Europa in Teichen gehalten, denn Süßwasserfisch war damals ein wichtiger Nahrungsbestandteil. Karpfen sind sehr anspruchslos und gedeihen problemlos in flachen, sauerstoffarmen Gewässern. Vor allem Klöster und Adelige widmeten sich der Karpfenzucht, um ihren Speiseplan während der langen Fastenzeit etwas interessanter zu gestalten. In Serbien bieten die zahlreichen großen Seen ideale Lebensbedingungen für Karpfen.

4 PORTIONEN

- 1 frischer Karpfen (etwa 1,5 kg, geschuppt und ausgenommen)
- 1 große Möhre (100 g)
- 1 Stange Staudensellerie (80 g)
- 1 große Zwiebel (100 g)
- 1 Lorbeerblatt
- 6 Pfefferkörner
- 1 TL Salz
- 4 EL Olivenöl
- 1 EL Mehl
- 1 EL mildes Paprikapulver
- 100 ml saure Sahne
- Saft von 1 Zitrone
- 1 Eigelb
- Salz
- 2 EL gehackte Petersilie

ZUBEREITUNGSZEIT 40 Minuten
GARZEIT 50 Minuten

1 Den Karpfen in etwa 3 cm dicke Scheiben schneiden, Kopf und Schwanz ganz lassen und alles in einen großen Topf geben. Die Möhre schälen und in Scheiben schneiden. Die Selleriestange abspülen und mit den Blättern grob zerkleinern. Die Zwiebel schälen und grob hacken. Das zerkleinerte Gemüse, Lorbeerblatt, Pfefferkörner und Salz zu dem Karpfen geben und mit etwa 2 l kaltem Wasser gut bedecken. Erhitzen und dann bei schwacher Hitze köcheln lassen. Nach 15 Minuten die Karpfenscheiben aus dem Brühe entfernen. Den Rest noch weitere 30 Minuten garen. Dann ein Sieb über einen zweiten Topf hängen und die Karpfenbrühe abseihen.

2 Inzwischen die Karpfenscheiben von Haut und Gräten befreien und grob zerpflücken.

3 Das Olivenöl in einem Topf erhitzen. Das Mehl einstreuen und dabei mit einem Holzlöffel umrühren, bis die Mischung klümpchenfrei ist. Paprikapulver einrühren. Die Mehlschwitze in den Karpfensud rühren und erhitzen. Das Karpfenfleisch wieder in den Sud geben und 3 Minuten ziehen lassen.

4 Saure Sahne, Zitronensaft und Eigelb in einem Schälchen verquirlen und unter die heiße, aber nicht mehr kochende Suppe ziehen. Mit Salz abschmecken, mit Petersilie bestreuen und heiß servieren.

PRO PORTION
E 37 g • KH 4 g • F 4 g
413 kcal

RUSSLAND

SCHTSCHI

Kohlsuppe

Erstmals im 9. Jahrhundert erwähnt, gehört der Schtschi noch heute zu den beliebtesten russischen Suppen. Die Hauptzutat Kohl kam von Byzanz nach Russland. Es war die Zeit der Christianisierung, die den Gläubigen lange Fastenzeiten auferlegte. Um diese zu ertragen, haben die Russen eine stärkende Suppe erfunden: den Schtschi, in der Fastenzeit selbstverständlich ohne Fleisch zubereitet.

4 PORTIONEN

- 500 g Rindfleisch mit Knochen (Brust, Rippe, Beinscheibe)
- 3 Zwiebeln (250 g)
- 4 Knoblauchzehen (12 g)
- 2 große Möhren (200 g)
- 300 g Sellerieknolle (oder Petersilienwurzel)
- 2 mittlere Kartoffeln (200 g)
- 750 g Weißkohl
- 2 mittlere vollreife Tomaten (150 g, oder 2 EL Tomatenmark)
- 1 EL Schmalz (Öl, Butter)
- 6 Pfefferkörner
- 1 Lorbeerblatt
- Salz, Pfeffer
- 200 g saure Sahne
- 2 EL gehackter Dill
- 2 EL gehackte Petersilie

PRO PORTION
E 27 g • KH 19 g • F 23 g
422 kcal

ZUBEREITUNGSZEIT 30 Minuten
GARZEIT 2½ – 3 Stunden

1 Das Fleisch mit 1 geschälten ganzen Zwiebel, 2 geschälten Knoblauchzehen und 1 geschälten halbierten Möhre in einen Topf geben. Mit kaltem Wasser gut bedeckt 2 bis 2½ Stunden köcheln. Schaum abschöpfen. Das Fleisch aus der Brühe nehmen, vom Knochen lösen und in kleine Würfel schneiden. Die Brühe durch ein feines Sieb passieren.

2 Das Gemüse schälen bzw. säubern und waschen. Möhre, Sellerie und Kartoffeln in kleine Stücke schneiden. Den Kohl vom Strunk befreien, vierteln und in dünne Streifen schneiden oder raspeln. Die Tomaten überbrühen, die Haut abziehen, entkernen und klein würfeln.

3 Die restlichen Zwiebeln und Knoblauchzehen schälen, fein hacken und in einem Schmortopf in Schmalz 10 Minuten anschwitzen. Möhre und Sellerie hinzugeben und 2 Minuten mitdünsten. Das Fleisch und den Kohl zufügen und mit der heißen Brühe aufgießen. Die Pfefferkörner und das Lorbeerblatt dazugeben und zugedeckt 10 Minuten köcheln lassen. Die Kartoffeln zufügen und weitere 30 Minuten garen. 10 Minuten vor Garende die Suppe mit Salz und Pfeffer abschmecken und die Tomatenwürfel zufügen (etwas Wasser zugeben, wenn nötig).

4 Die heiße Suppe auf tiefen Tellern verteilen, jeweils 1 EL saure Sahne in die Mitte geben. Mit Dill und Petersilie bestreut servieren. Die restliche saure Sahne und Roggenbrot dazu reichen.

TIPP In alten Rezepten wird empfohlen, den fertig gekochten Schtschi vor dem Servieren eine Stunde bei 50 °C im Backofen ruhen zu lassen zur Entfaltung der Aromen.

VEGETARISCHE VARIANTE Das Fleisch weglassen und dafür von allen Gemüsesorten etwa ein Drittel mehr rechnen. Die Fleischbrühe durch Gemüsebrühe oder Wasser ersetzen.

BULGARIEN

TARATOR

Kalte Gurken-Joghurt-Suppe

In Bulgarien wird diese kalte Gurken-Joghurt-Suppe im Sommer gereicht, da sie sehr erfrischend ist. Vermutlich wurde im Balkanraum bzw. im Mittleren Osten der erste Joghurt hergestellt. Vielleicht wurde die Entdeckung der Milchfermentation und damit der Joghurtherstellung aber auch an mehreren Orten gleichzeitig gemacht.
Denn Joghurt ist bis heute ein wichtiger Bestandteil in der Esskultur vieler Länder, von den Balkanstaaten über den Libanon, Irak und Iran bis nach Indien.

4 PORTIONEN

- 500 g bulgarischer Joghurt
- 1 Salatgurke (400 g)
- 60 g Walnusskerne
- 1 kleine Knoblauchzehe (3 g)
- 2 EL gehackter Dill
- 1 EL Olivenöl
- Salz

ZUBEREITUNGSZEIT 15 Minuten

1 Den Joghurt in eine Schüssel geben und mit einem Schneebesen glatt rühren. Je nach Konsistenz des Joghurts 100 bis 200 ml kaltes Wasser unterrühren, um eine dickflüssige Masse zu erhalten.
Die Gurke schälen, längs halbieren und entkernen. Das Gurkenfleisch sehr klein würfeln oder raspeln. Die Wallnusskerne hacken. Den Knoblauch schälen und durch eine Presse drücken.

2 Gurke, Wallnusskerne, Knoblauch, Dill und Olivenöl in den Joghurt geben und gut vermischen. Mit Salz abschmecken und mindestens 2 Stunden kalt stellen. Eventuell mit zerstampften Eiswürfeln reichen.

PRO PORTION
E 7 g • KH 8 g • F 18 g
230 kcal

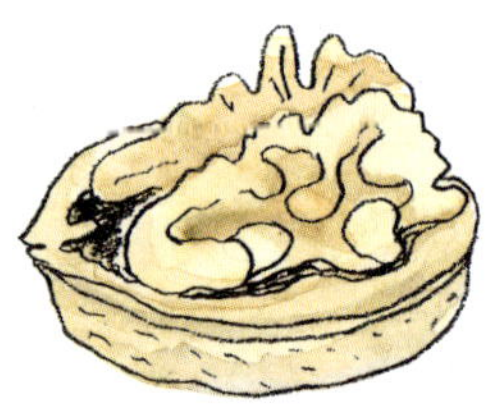

UKRAINE

BORSCHTSCH

Borschtsch wird in vielen Ländern Ost- und Ostmitteleuropas gekocht, der Ursprung dieser leicht säuerlichen Suppe liegt jedoch in der Ukraine. Die Rezepte unterscheiden sich von Land zu Land, drei Zutaten sind aber immer dabei: Fleisch, Kohl und Rote Bete. Letztere verleiht der Suppe ihre typische Farbe. Der Name „Borschtsch" leitet sich höchstwahrscheinlich vom slawischen Namen für „Wiesen-Bärenklau" ab, denn im Mittelalter gehörten die jungen Blätter und Sprossen der Pflanze unbedingt mit in die Suppe (nicht zu verwechseln mit dem giftigen Riesen-Bärenklau!). Für einen noch intensiveren Geschmack den Borschtsch eine Nacht kalt stellen.

4 PORTIONEN

- 400 g Rinderbrust
- 60 g getrocknete weiße Bohnen
- Pfeffer aus der Mühle
- 1 Lorbeerblatt
- 3 Pimentkörner
- 1 mittlere Rote Bete, roh (100 g)
- 1 große Möhre (100 g)
- 1 große rote Zwiebel (100 g)
- 2 mittelgroße festkochende Kartoffeln (200 g)
- 2 vollreife mittlere Tomaten (160 g)
- 2 EL Öl oder Schmalz
- 1 EL Tomatenmark
- 1 EL Rotweinessig
- 200 g Weißkohl
- 1–2 Knoblauchzehen (3–6 g)
- Salz
- Zucker, Essig
- 2 EL gehackter Dill
- 1 EL gehackte Petersilie
- 200 g saure Sahne

PRO PORTION
E 25 g • KH 22 g • F 28 g
464 kcal

ZUBEREITUNGSZEIT 30 Minuten
EINWEICHZEIT 12 Stunden
GARZEIT 3 Stunden

1 Am Abend zuvor das Fleisch in einem Topf mit 1,5–2 l Wasser bedeckt zum Kochen bringen. Schaum abschöpfen und bedeckt 90 Minuten bei schwacher Hitze garen. Das Fleisch herausnehmen und in Würfel schneiden. Fleisch und Brühe erkalten lassen und in den Kühlschrank stellen. Die Bohnen in reichlich kaltem Wasser einweichen.

2 Am nächsten Tag die schwimmende Fettschicht auf der Brühe entfernen. Die Bohnen abgießen und in die Brühe geben. Fleischwürfel sowie etwas Pfeffer, das Lorbeerblatt und die Pimentkörner hinzufügen, erhitzen und bedeckt eine Stunde bei niedriger Hitze köcheln.

3 Rote Bete und Möhre schälen, in feine Stifte schneiden oder reiben. Die Zwiebel schälen und fein hacken. Kartoffeln schälen und grob würfeln. Tomaten überbrühen, die Haut abziehen, entkernen, grob hacken.

4 1 EL Öl in einer Pfanne erhitzen und die Rote Bete 2 Minuten anschwitzen. Das Tomatenmark, 1 EL Essig und 1 Kelle Fleischbrühe hinzufügen und 10 Minuten weitergaren. In einer zweiten Pfanne die gehackte Zwiebel mit dem restlichen Öl 3 Minuten andünsten. Die Möhren und die Tomaten zugeben und 10 Minuten dünsten.

5 Den Inhalt der beiden Pfannen sowie die Kartoffelwürfel in die Fleischbrühe geben und alles zusammen 15 Minuten sanft garen.

6 Inzwischen den Kohl in sehr feine Streifen schneiden. Die Kohlstreifen in die Suppe geben und weitere 15 Minuten köcheln.

7 2 Minuten vor Ende der Garzeit den geschälten und zerdrückten Knoblauch unterrühren. Die Suppe mit Salz abschmecken, eventuell mit etwas Zucker oder Essig abrunden und dann mindestens 30 Minuten ruhen lassen. Den Borschtsch erneut erhitzen und mit Dill und Petersilie bestreut servieren. Saure Sahne und Brot dazu reichen.

BOSNIEN

BOSANSKI LONAC

Reichhaltiger Fleischeintopf

Bosanski Lonac, wörtlich „bosnischer Topf", ist ein deftiger und besonders reichhaltiger Eintopf, der zu den Nationalgerichten Bosniens gehört. Dieses jahrhundertealte Gericht wurde früher in einem speziellen Tontopf, in den man abwechselnd Fleisch und Gemüse schichtete, langsam auf offenem Feuer gegart.

4 PORTIONEN

- 500 g Rind- oder Lammfleisch ohne Knochen (Schulter oder Nacken)
- Salz, Pfeffer
- 250 g Weißkohl
- 250 g Möhren
- 250 g Kartoffeln
- 2 mittlere vollreife Tomaten (150 g, oder 2 EL Tomatenmark)
- 2 kleine grüne Paprikaschoten (250 g)
- 2 Zwiebeln (150 g)
- 1–2 Knoblauchzehen (5 g)
- Salz, Pfeffer
- 1 EL Paprikapulver (mild)
- 1–2 mittelscharfe kleine Chilischoten
- 2 Lorbeerblätter
- 300 ml Weißwein (oder Wasser)

PRO PORTION
E 2 g • KH 23 g • F 18 g
405 kcal

ZUBEREITUNGSZEIT 25 Minuten
GARZEIT 3 Stunden

1 Das Fleisch in große Würfel schneiden, in eine Schüssel geben und mit Salz und Pfeffer würzen. Gut vermischen.

2 Den Backofen auf 150 °C vorheizen. Den Kohl säubern, welke Blätter und Strunk entfernen, und in Streifen schneiden. Möhren und Kartoffeln schälen. Die Möhren in Scheiben schneiden und die Kartoffeln grob würfeln. Die Tomaten überbrühen, die Haut abziehen, entkernen und grob zerkleinern. Die Paprikaschoten halbieren, säubern und in Streifen schneiden. Zwiebel und Knoblauch schälen. Die Zwiebel in Ringe schneiden und den Knoblauch hacken. Alles Gemüse in eine Schüssel geben und mit etwas Salz und Pfeffer, Paprikapulver, Chilischoten und Lorbeerblättern vermischen.

3 Gemüse und Fleisch abwechselnd in einen mittelgroßen Bräter schichten und mit Weißwein oder Wasser knapp bedecken. Den Bräter verschließen und im heißen Backofen etwa 4 Stunden garen, bis Fleisch und Gemüse weich sind.

TIPP Ein Römertopf eignet sich auch sehr gut für dieses Gericht. Nicht vergessen, den Römertopf vor Gebrauch zu wässern: Topf und Deckel ineinanderstellen, mit kaltem Wasser füllen und 30 Minuten ruhen lassen. Das Vorheizen des Backofens fällt weg, da der Römertopf in den kalten Ofen gestellt wird.

NORDAFRIKA & ORIENT

Eine Spezialität der nordafrikanischen und der orientalischen Küche sind unzweifelhaft Suppen mit Hülsenfrüchten. Kichererbsen, weiße und rote Bohnen, Pferdebohnen, rote, grüne und braune Linsen, grüne und gelbe Erbsen bilden die Basis der libanesischen Makhlouta (Seite 76), des tunesischen Lablabi (Seite 66) oder der marokkanischen Bissara (Seite 64). Oft werden die Hülsenfrüchte mit Getreideprodukten gemischt – Gerste, Grünkern, Bulgur, Reis oder Nudeln – das Ergebnis sind äußerst nahrhafte Suppen.

In den gebirgigen, abgelegenen Zonen Nordafrikas und Eurasiens, im Hohen Atlas ebenso wie in Anatolien oder in den Bergen Irans und Afghanistans lebte man meist autark und ernährte sich von dem, was lokal produziert wurde. Fleisch war kostbar und kam nicht täglich auf den Tisch. Fisch gab es nur an der Küste. Trotz der geringen Möglichkeiten, Zutaten für die Suppen zu variieren, haben auch die einfachsten Suppen immer einen besonderen aromatischen Pfiff, sei es durch die Zugabe von Gewürzen und Kräutern, das Anrösten bestimmter Zutaten oder das Abrunden mit Joghurt wie in der iranischen Ashe Reshteh (Seite 80) oder der türkischen Bezelye Çorbasi (Seite 74).

Gewürze und Kräuter spielen eine große Rolle in dieser Länderküche. Aber nirgendwo sind sie so präsent wie im Maghreb (Tunesien, Algerien, Marokko, Libyen und Mauretanien). Beim Schlendern über einen marokkanischen oder tunesischen Souk, mit all den betörend duftenden und in allen Farben leuchtenden Bergen von Safran, Zimt, Kurkuma, Kreuzkümmel, Koriander, Kardamom, Ras el-Hanout und vielem mehr, erahnt man, wie kunstvoll die Speisen abgeschmeckt werden.

1 BULGUR
Bulgur wird aus vorgegarten, zerkleinerten Hartweizen- oder Dinkelkörnern hergestellt. Er ist sehr nährstoffreich und schnell zuzubereiten. In Nordafrika und im Vorderen Orient ist Bulgur ein Grundnahrungsmittel.

2 PFERDEBOHNEN (GETROCKNET)
Auch Ackerbohne, Puff- oder Dicke Bohne genannt, wird seit etwa 3000 v. Chr. im Mittelmeerraum kultiviert.

3 KASHK
Kashk wird aus fermentierter Molke hergestellt und erinnert im Geschmack an Parmesan oder Roquefort. Er wird frisch oder getrocknet, in Form von kleinen Kügelchen, angeboten. Kashk findet man in iranischen Lebensmittelgeschäften.

4 ERBSEN (GETROCKNET)
Ursprünglich in Kleinasien beheimatet (wie die Pferdebohne), wurden Erbsen bereits um 8000 v. Chr. angebaut und gehören damit zu den ältesten Kulturpflanzen überhaupt.

5 KICHERERBSEN
Oder auch Felderbsen wurden in Kleinasien schon in der Jungsteinzeit angebaut. Heute sind sie ein fester Bestandteil der arabischen Küche. Falafel oder Hummus sind die bekanntesten Gerichte aus Kichererbsen.

6 KORIANDER
Die „arabische Petersilie" stammt wahrscheinlich aus dem Mittelmeerraum, wird aber heute weltweit angebaut. In den nordafrikanischen Ländern werden ebenso die getrockneten Samen wie die frischen Blätter in der Küche verwendet.

GEWÜRZE
Nordafrikanische und arabische Gerichte sind bekannt für ihre starke Würze. Gewürzmischungen wie Ras el-Hanout oder die Chilipaste Harissa tauchen in vielen Speisen auf. Hier ein paar der wichtigsten Gewürze:

7 KURKUMA
Auch gelber Ingwer oder Gilbwurz genannt. Die Wurzel hat einen leicht bitteren, harzig-scharfen Geschmack.

8 STANGENZIMT
Auch Kaneel genannt, wird aus der getrockneten Rinde von Zimtbäumen gewonnen. Zimt gehört zu den ältesten Gewürzen der Welt.

9 PAPRIKAPULVER
Das Pulver wird aus getrockneten Paprikaschoten hergestellt. Je nachdem, ob und zu welchem Anteil Kerne mit gemahlen werden, ist das Pulver mild (edelsüß) oder oder würzigscharf (Rosenpaprika).

10 GOLPAR
Oder auch Persischer Bärenklau (Engelwurz) wächst in feuchten Gebirgsregionen im Iran und angrenzenden Gebieten. Aus den Samen der Pflanze wird das gleichnamige Pulver hergestellt, welches Suppen, Eintöpfen oder auch Salaten einen süßlich-bitteren Geschmack verleiht.

11 KARDAMOM
Die Kapseln enthalten Samen, die einen süßlich-scharfen Geschmack, leicht an Eukalyptus erinnernd, haben. In arabischen Ländern wird u. a. der Kaffee mit Kardamom gewürzt.

12 KREUZKÜMMEL
Auch Cumin, Kamoun, Römischer oder Weißer Kümmel genannt, stammt ursprünglich aus Asien. Sein intensiver Geschmack verändert sich deutlich beim Erhitzen.

ÄGYPTEN

HÄHNCHEN-ZITRONEN-SUPPE

Die Zitrone, ursprünglich im Nordosten Indiens beheimatet, war bereits vor unser Zeitrechnung im chinesischen Kaiserreich bekannt. Auf den Handelswegen nach Persien und Arabien gelangt, verbreitete sich die Zitrone im Laufe des Mittelalters im gesamten Mittelmeerraum. Christoph Kolumbus brachte die Zitrone schließlich nach Amerika.

4 PORTIONEN

- 1 Hähnchen (ca. 1,2 kg)
- 1 mittlere Möhre (100 g)
- 1 mittlere Zwiebel (80 g)
- 1 Lorbeerblatt
- 3 Stiele Thymian
- Salz, Pfeffer
- 1 Stange Staudensellerie (80 g)
- 4 mittlere Kartoffeln (400 g)
- 3 mittlere Rübchen (150 g)
- Saft von 2 Zitronen
- ½ TL Kurkuma, gemahlen
- 1 Bund frischer Koriander

PRO PORTION
E 37 g • KH 16 g • F 17 g
380 kcal

ZUBEREITUNGSZEIT 30 Minuten
GARZEIT 1 Stunde + 45 Minuten

1 Vom Hähnchen Flügel, Keulen und Brustfleisch abtrennen. Keulen und Flügel am Gelenk biegen und an der weichen Stelle durchschneiden. Das Brustfleisch in große Stücke schneiden. Das Fleisch beiseitestellen.

2 Die Möhre schälen und längs halbieren. Die Zwiebel schälen und vierteln.

3 Den Rumpf des Hähnchens zusammen mit der Möhre, der Zwiebel sowie Lorbeerblatt und Thymian in einen großen Topf geben. Mit kaltem Wasser bedecken, erhitzen und 1 Stunde halb bedeckt bei schwacher Hitze garen. Erst am Ende der Garzeit die Brühe mit Salz und Pfeffer abschmecken. Die Brühe abseihen.

4 Inzwischen die Selleriestange säubern, waschen und in kleine Streifen schneiden. Die Kartoffeln und die Rübchen schälen und grob würfeln. Das zerkleinerte Gemüse in die abgeseihte Brühe geben. Zitronensaft, Kurkuma sowie etwas Salz und Pfeffer zugeben. Erhitzen und 10 Minuten bei schwacher Hitze köcheln lassen. Das Hähnchenfleisch hinzufügen und noch weitere 35 Minuten garen. Inzwischen den Koriander waschen, trocknen und die Blätter fein schneiden.

5 Die Suppe abschmecken und reichlich mit Koriander bestreut servieren.

MAROKKO

HARIRA

Ramadansuppe

Diese marokkanische Suppe wird traditionell im Ramadanmonat zubereitet. Sie ist kraftspendend und sehr nahrhaft, daher ideal nach einem Fastentag. Die darin enthaltenen Hülsenfrüchte, die lange sättigen und den Körper mit Energie versorgen, helfen dabei, den nächsten Fastentag besser zu überstehen.

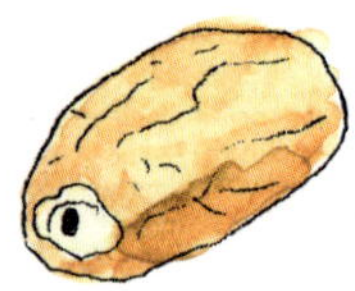

4 PORTIONEN

- 125 g getrocknete Kichererbsen
- 300 g Lammfleisch ohne Knochen (Schulter)
- 4 vollreife Tomaten (350 g)
- 2 mittlere Zwiebeln (160 g)
- 1 Stange Staudensellerie (80 g)
- 1 kleines Bund glattblättrige Petersilie
- 1 kleines Bund Koriander
- 25 g Smen (marokkanisches Butterschmalz) oder 2 EL Olivenöl
- ¼ TL Safranpulver
- ½ TL Ingwer
- 1 TL Pfeffer
- 1 gute Prise Zimt
- 2 EL Tomatenmark
- 125 g rote Linsen
- 25 g Suppennudeln
- 1–2 TL Salz
- 2 EL Mehl
- Saft von ½ Zitrone

PRO PORTION
E 29 g • KH 43 g • F 20 g
495 kcal

ZUBEREITUNGSZEIT 20 Minuten
EINWEICHZEIT 12 Stunden
GARZEIT 1 Stunde und 50 Minuten

1 Die Kichererbsen am Abend vorher in reichlich kaltem Wasser einweichen und 12 Stunden quellen lassen. Am nächsten Tag abgießen.

2 Das Fleisch in kleine Würfel schneiden. Die Tomaten überbrühen, die Haut abziehen, entkernen und grob würfeln. Die Zwiebeln schälen Petersilie und Koriander waschen, trocknen und fein hacken. Die Hälfte des gehackten Korianders beiseitestellen.

3 Das Smen in einem Schmortopf erhitzen und die Fleischwürfel darin von allen Seiten leicht anbraten. Zwiebel, Sellerie, Petersilie, die Hälfte des Korianders sowie sämtliche Gewürze hinzufügen und alles unter Rühren 5 Minuten anschwitzen. Die Tomaten und das Tomatenmark zugeben und 10 Minuten dünsten, dabei regelmäßig umrühren.

4 Kichererbsen, Linsen und 2 l Wasser hinzufügen. Erhitzen und zugedeckt etwa 90 Minuten sanft garen, bis die Kichererbsen weich sind. Die Suppennudeln in die fertige Suppe geben, nach Geschmack salzen und weitere 5 Minuten (nach Packungsangabe) garen.

5 Das Mehl mit 3 bis 4 EL Wasser verquirlen und die Hälfte davon in die Suppe rühren. Kurz aufkochen und leicht andicken lassen. Eventuell etwas mehr von dem angerührten Mehl zugeben, die Harira soll leicht gebunden sein.

6 Die Suppe mit Zitronensaft abschmecken, mit dem übrigen Koriander bestreuen und heiß servieren.

TIPPS Traditionell werden im Ramadan Datteln zur Harira gereicht. Kichererbsen aus der Dose verwenden, so entfällt die Einweichzeit. Die Kichererbsen 20 Minuten vor Ende der Garzeit in die Suppe geben.

MAROKKO

BISSARA

Pferdebohnensuppe

Die Bissara ist ursprünglich eine Wintersuppe aus Marrakesch und dem Hohen Atlas. Sie köchelt die ganze Nacht langsam vor sich hin und wird zum Frühstück zusammen mit Olivenöl, Gerstenbrot und einem Glas Tee gereicht. Geschälte Pferdebohnen bekommt man in orientalischen Lebensmittelläden. Manchmal werden auch gespaltene Pferdebohnen angeboten, in diesem Fall fällt die Einweichzeit weg und die Garzeit beträgt nur etwa 40 Minuten.

V

4 PORTIONEN

- 300 g getrocknete geschälte Pferdebohnen
- 4–5 Knoblauchzehen (12–15 g)
- 1 EL Tomatenmark
- 1 EL Kreuzkümmel, gemahlen
- 1 TL Paprikapulver, mittelscharf
- 1 TL Koriander, gemahlen
- Salz, Pfeffer
- 6 EL Olivenöl
- 4 EL frischer Koriander, gehackt
- Fladenbrot
- Olivenöl, Paprikapulver, Kümmel

ZUBEREITUNGSZEIT 5 Minuten
EINWEICHZEIT 24 Stunden
GARZEIT etwa 2 Stunden

1 Die Pferdebohnen 24 Stunden in reichlich kaltem Wasser einweichen und quellen lassen.

2 Die aufgequollenen Pferdebohnen mit ihrem Einweichwasser in einen großen Topf geben. Eventuell noch etwas kaltes Wasser dazugießen, damit alles gut bedeckt ist, und zum Kochen bringen. Den Schaum abschöpfen, bis sich kein neuer mehr bildet. Knoblauchzehen schälen. Dann Tomatenmark, Knoblauch, Kreuzkümmel, Paprika und Koriander hinzufügen und bedeckt 2 bis 3 Stunden sanft garen (die Garzeit ist abhängig von der Qualität der Pferdebohnen), bis die Pferdebohnen weich sind. Während des Garens des Öfteren umrühren und dabei die Pferdebohnen zerdrücken. Die fertige Bissara soll eine püreeartige Konsistenz haben.

3 Die Suppe mit Salz, Pfeffer und Olivenöl abschmecken, mit dem frischen Koriander bestreuen und heiß servieren. Fladenbrot sowie Olivenöl, Paprikapulver und Kümmel dazu reichen.

TIPP Falls nur ungeschälte Pferdebohnen aufzutreiben sind, diese 2 bis 3 Tage in kaltem Wasser einweichen, dabei jeden Tag das Wasser wechseln. Danach die Bohnen mit Daumen und Zeigefinger aus der Schale drücken. Wenn nötig, die Haut etwas einritzen.

PRO PORTION
E 21 g • KH 37 g • F 16 g
404 kcal

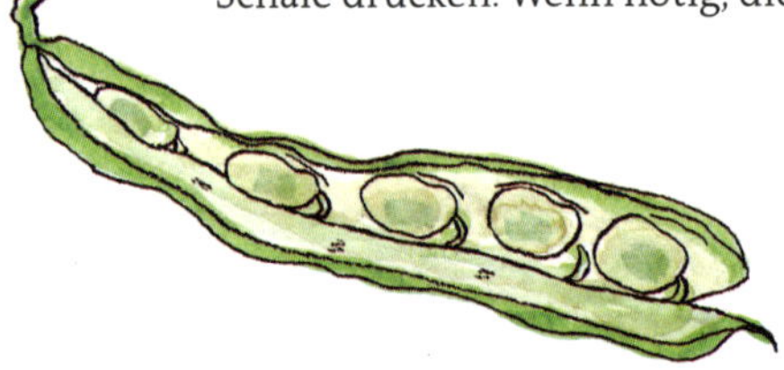

ALGERIEN

CHORBA FRIK

Ramadansuppe mit Grünkernschrot

Als Grünkern bezeichnet man das Korn des Dinkels, das halbreif geerntet und danach direkt getrocknet wird. Dieses in Süddeutschland erfundene Verfahren sollte verhindern, dass die Bauern in Schlechtwetterperioden ihre Ernte verlieren. Der angenehme Geschmack des Grünkerns führte dazu, dass seitdem ein Teil des Dinkels immer vorzeitig geerntet wurde. Erste Hinweise auf den Grünkern befinden sich in dem Kloster von Amorbach in Bayern (1660).

4 PORTIONEN

- 40 g getrocknete Kichererbsen
- 300 g Lammfleisch ohne Knochen (Schulter oder Nacken)
- 1 mittlere Zwiebel (80 g)
- 2 Knoblauchzehen (6 g)
- 1 Stange Staudensellerie (80 g)
- 1 kleine Zucchini (150 g)
- 2 vollreife Tomaten (160 g)
- 1 Bund Koriander
- 4 Stiele frische Minze (oder 1 EL getrocknete Minzblätter)
- 2 EL Olivenöl
- 1 gute Prise Zimt
- ½ TL Paprikapulver, mittelscharf
- 1 EL Tomatenmark
- 100 g Grünkernschrot
- Salz, Pfeffer

ZUBEREITUNGSZEIT 20 Minuten
EINWEICHZEIT 12 Stunden
GARZEIT 1 Stunde und 50 Minuten

1 Die Kichererbsen über Nacht in dreifacher Menge kaltem Wasser einweichen und quellen lassen. Danach abgießen.

2 Das Fleisch in kleine Würfel (etwa 2 cm Kantenlänge) schneiden. Zwiebel und Knoblauch schälen und fein hacken. Sellerie säubern und in Scheibchen schneiden. Die Zucchini klein würfeln. Die Tomaten überbrühen, die Haut abziehen, entkernen und grob hacken. Koriander und frische Minze waschen, trocknen und die Blätter fein hacken.

3 Das Öl in einem Schmortopf erhitzen und das Fleisch darin von allen Seiten hell anbraten. Zwiebel, Knoblauch sowie sämtliche Gewürze zugeben und 3 Minuten schwitzen lassen, dabei umrühren. Tomaten, Tomatenmark, Zucchini, Sellerie und die Hälfte der gehackten Kräuter hinzufügen und gut umrühren. Die Kichererbsen zugeben, 1,5 Liter Wasser angießen und bedeckt etwa 90 Minuten köcheln lassen. Wenn die Kichererbsen weich sind, das Grünkernschrot in die Suppe streuen und noch etwa 20 Minuten (nach Packungsangabe) zu Ende garen.

4 Die Chorba mit Salz und Pfeffer abschmecken, mit den restlichen Kräutern bestreuen und heiß servieren.

PRO PORTION
E 19 g • KH 24 g • F 19 g
362 kcal

TUNESIEN

LABLABI

Kichererbsensuppe

In Tunesien ist Lablabi eine regelrechte Institution. Restaurants, wo diese Suppe serviert wird, nennt man „Lablabistes". In der Region Bizerte gibt es ebenfalls eine Sandwich-Version der Suppe. Die nährstoffreiche Kichererbse ist noch heute in vielen Ländern ein wichtiges Grundnahrungsmittel. In Verbindung mit Brot und Ei, wie im Lablabi, wird sie zu einer vollständigen vegetarischen Mahlzeit.

4 PORTIONEN

- 350 g Kichererbsen, getrocknet
- 4 Eier
- 2 Knoblauchzehen (6 g)
- ½ EL Kreuzkümmel, gemahlen (Cumin)
- ½ EL Harissa
- Saft von ½ Zitrone
- Salz
- 3 EL Olivenöl
- 4 Scheiben trockenes helles Brot
- Harissa, Olivenöl

PRO PORTION
E 26 g • KH 61 g • F 18 g
556 kcal

ZUBEREITUNGSZEIT 15 Minuten
EINWEICHZEIT 12 Stunden
GARZEIT 1 Stunde und 45 Minuten

1 Am Abend vorher die Kichererbsen gut abspülen, in eine Schüssel geben und mit dreifacher Menge kaltem Wasser bedecken. 12 Stunden (über Nacht) quellen lassen.

2 Am nächsten Tag die aufgequollenen Kichererbsen mit ihrem Einweichwasser in einen Topf geben (falls nötig, etwas mehr Wasser zugeben), erhitzen und bedeckt etwa 1 Stunde und 45 Minuten sanft garen, bis sie weich sind. (Kein Salz zugeben, das würde die Garzeit der Kichererbsen verlängern!)

3 Inzwischen die Eier 5 Minuten weich kochen, etwas abkühlen lassen und pellen.

4 Knoblauch schälen und durch die Presse drücken. Die garen Kichererbsen mit Knoblauch, Kümmel, Harissa, Zitronensaft und Salz abschmecken. Den Topf vom Herd nehmen und das Olivenöl unterrühren.

5 Die Brotscheiben grob zerbrechen, in 4 tiefe Teller geben und die heiße Suppe darauf gießen. Die weich gekochten Eier halbieren und in die Mitte geben. Olivenöl und Harissa dazu reichen.

TIPP 300 g Dosen-Thunfisch abtropfen lassen und zu dem Lablabi reichen. Kichererbsen aus der Dose verwenden, das spart Zeit.
In diesem Fall die Kichererbsen abgießen, mit Wasser bedecken, erhitzen und 15 bis 20 Minuten köcheln lassen.

TUNESIEN

CHORBA FRIK BEL HOUT

Fischsuppe mit Grünkern

In Tunesien und Algerien werden viele Gerichte wie diese Fischchorba mit der Gewürzmischung „Tabel-Karouia" gewürzt. Diese enthält unter anderem Kümmel, Koriander, getrockneten Knoblauch, getrocknete Zwiebel und Chilipulver. Ähnlich wie bei Currymischungen besitzt jede Familie ihr eigenes – oft geheim gehaltenes – Rezept.

4 PORTIONEN

- 1 große Zwiebel (100 g)
- 1 Stange Staudensellerie (80 g)
- ½ Bund Petersilie
- 3 Knoblauchzehen (9 g)
- 2 EL Olivenöl
- 1 EL Tomatenmark
- ¼ EL Chilipulver (oder Paprikapulver)
- 1 TL Kümmel, gemahlen
- 1 TL Kreuzkümmel, gemahlen
- ½ TL Kurkuma, gemahlen
- 300 g Kabeljaufilet (Seelachs, Schellfisch)
- 100 g Grünkernschrot
- Saft von ½ Zitrone
- Salz

ZUBEREITUNGSZEIT 20 Minuten
GARZEIT 40 Minuten

1 Die Zwiebel schälen und fein hacken. Die Selleriestange und die Petersilie waschen, trocknen und hacken. Die Knoblauchzehen schälen und fein hacken.

2 Das Olivenöl in einem großen Topf erhitzen und die gehackte Zwiebel darin 2 Minuten anschwitzen. Selleriestange, Petersilie, Knoblauch und Tomatenmark sowie sämtliche Gewürze hinzufügen und 3 Minuten dünsten, dabei umrühren. 200 ml Wasser angießen und 10 Minuten sanft garen. Des Öfteren umrühren. Dann 1,5 l heißes Wasser zugeben und aufkochen lassen. Die Fischfilets in den Sud geben und bei sehr schwacher Hitze 5 bis 10 Minuten ziehen lassen. Die garen Fischfilets aus dem Sud nehmen und abkühlen lassen.

3 Das Grünkernschrot abspülen, in die Suppe geben und 20 bis 25 Minuten sanft köcheln lassen. Dabei regelmäßig umrühren und falls nötig etwas mehr Wasser zugeben. Inzwischen die Fischfilets grob zerpflücken, Gräten und Haut entfernen. 2 Minuten vor Ende der Garzeit das Fischfleisch zurück in die Suppe geben. Die Fischchorba mit Zitronensaft und Salz abschmecken und heiß servieren.

PRO PORTION
E 17 g • KH 18 g • F 6 g
208 kcal

ISRAEL

KNEIDLER

Hühnersuppe mit Matzeklößchen

Religiöse und traditionsbewusste Juden essen während des Passahfestes Matze. Matze ist ungesäuertes Brot aus Weizen-, Roggen-, Dinkel-, Hafer- oder Gerstenmehl. Das aus den zerkleinerten Brotresten hergestellte Matzemehl findet besonders in der aschkenasisch-jüdischen Küche vielseitige Verwendung, sowohl in salzigen als auch in süßen Speisen. Kneidler ist die jüdische Variante der Knödel.

4 PORTIONEN

FÜR DIE SUPPE

- 1 kleines Suppenhuhn (ca. 1 kg)
- 1 mittlere Zwiebel (80 g)
- 1 Knoblauchzehe (3 g)
- 2 mittlere Möhren (150 g)
- 1 Stange Staudensellerie (80 g)
- 1 Lorbeerblatt
- Salz, Pfeffer
- 1 Ei

FÜR DIE MATZEKLÖSSCHEN

- 4 EL gehackte Petersilie
- 125 g Matzemehl (jüdische Lebensmittelgeschäfte)
- Salz, Pfeffer

PRO PORTION
E 40 g • KH 26 g • F 1 g
383 kcal

ZUBEREITUNGSZEIT 30 Minuten
GARZEIT 1 Stunde und 50 Minuten

1 Das Huhn in einen Topf geben und mit kaltem Wasser bedecken. Zwiebel und Knoblauch schälen und hacken. Möhren schälen und halbieren. Selleriestange säubern und in grobe Stücke schneiden. Das Gemüse zu dem Huhn geben, Lorbeerblatt sowie 1 TL Salz und etwas Pfeffer hinzufügen und erhitzen. Dann bedeckt 60 bis 90 Minuten sanft köcheln lassen, bis das Huhn gar ist. 2 EL Fett von der Brühe abschöpfen und beiseitestellen.

2 Inzwischen die Matzeklößchen vorbereiten: Das Ei in einer Schüssel mit 175 ml Wasser verquirlen. Das abgeschöpfte Hühnerfett, 2 EL gehackte Petersilie, das Matzemehl sowie etwas Salz und Pfeffer zugeben und zu einem weichen Teig verrühren. 15 bis 20 Minuten im Kühlschrank quellen lassen.

3 Das gar gekochte Huhn aus der Brühe nehmen und abkühlen lassen. Die Brühe in einen zweiten Topf abseihen. Das Gemüse in kleine Stücke schneiden, zurück in die Brühe geben und wieder erhitzen.

4 Mit angefeuchteten Händen aus dem Matzeteig 20 walnussgroße Klößchen formen. Die Matzeklößchen in die knapp siedende Brühe geben und 10 Minuten garen.

5 Das Hühnerfleisch von den Knochen lösen, zerkleinern und in die fertige Suppe geben. Mit der restlichen Petersilie bestreuen und heiß servieren.

ISRAEL

JAKOBS LINSENSUPPE

Der Bibel nach hat Jakob seinem Bruder Esau, als dieser ausgehungert von der Jagd nach Hause kam, sein Erstgeburtsrecht gegen einen Teller Linsensuppe abgekauft. Noch heute bezeichnet man im übertragenen Sinn als Linsengericht eine verlockende, aber geringwertige Gabe für etwas wesentlich Wertvolleres.

(V)

---

4 PORTIONEN

- 2 mittlere Zwiebeln (150 g)
- 1 Lauchstange (200 g)
- 2 Stangen Staudensellerie (150 g)
- 170 g rote Linsen
- ½ TL Kreuzkümmel
- Pfeffer
- 1,2 l Gemüsebrühe
- Salz
- 1 EL Weißweinessig
- 2 EL Olivenöl

ZUBEREITUNGSZEIT 15 Minuten
GARZEIT 30 Minuten

1 Die Zwiebeln schälen und eine davon fein hacken. Die Lauchstange und die Selleriestangen putzen und waschen. Den unteren weißen Teil des Lauchs in feine Röllchen schneiden. Die Selleriestangen in Scheibchen schneiden.

2 Das zerkleinerte Gemüse zusammen mit den Linsen, Kreuzkümmel, etwas Pfeffer und der Brühe in einen Topf geben. Erhitzen und etwa 30 Minuten sanft köcheln lassen, bis die Linsen weich sind und anfangen zu zerfallen. Die Suppe mit Salz und Essig abschmecken.

3 Die letzte Zwiebel in dünne Ringe schneiden, in dem Olivenöl knusprig anbraten und auf die heiße Linsensuppe geben. Brot dazu reichen.

PRO PORTION
E 12 g • KH 22 g • F 6 g
200 kcal

TÜRKEI

MIDYE PILÂKISI

Muschelsuppe mit Fenchelkraut

Gewürzfenchel, auch Dillfenchel oder süßer Fenchel genannt, gehört zu den Kräutern. Sein Ursprung liegt im Mittelmeerraum (Kleinasien), wo er schon in der Antike sowohl in der Küche als auch in der Heilkunde hoch geschätzt wurde. Durch Karl den Großen nördlich der Alpen eingeführt, gehörte der Gewürzfenchel bald zu den wichtigsten Heilpflanzen in Europa. In der Küche wird Gewürzfenchel u. a. gerne in Fischgerichten verwendet.

4 PORTIONEN

- 1,25 kg frische Miesmuscheln
- 2 Knoblauchzehen (6 g)
- 1 mittlere Zwiebel (80 g)
- 2 große vollreife Tomaten (200 g)
- ½ Paprikaschote (rot oder grün) (100 g)
- 2 kleine Möhren (100 g)
- 1 kleine Stange Staudensellerie (60 g)
- 1 Bund frisches Fenchelkraut (oder getrocknetes)
- 1 Bund glatte Petersilie
- 3 EL Olivenöl
- Salz, Pfeffer

PRO PORTION
E 11 g • KH 7 g • F 10 g
169 kcal

ZUBEREITUNGSZEIT 40 Minuten
GARZEIT 40 Minuten

1 Die Muscheln unter fließendem Wasser säubern, geöffnete oder beschädigte Muscheln aussortieren. Die Muscheln in einen großen Topf geben. Idealerweise sollten die Muscheln in einer Schicht den Topfboden bedecken, also nicht übereinander liegen. 250 ml Wasser zugeben, den Topf schließen und die Muscheln bei starker Hitze 3 bis 5 Minuten garen, bis sie sich öffnen.

2 Die geöffneten Muscheln aus dem Topf nehmen, von der Schale befreien und beiseitestellen. Den Muschelsud filtern und auffangen.

3 Knoblauch und Zwiebel schälen und fein hacken. Tomaten überbrühen, die Haut abziehen, entkernen und in kleine Würfel schneiden. Paprika halbieren, säubern, entkernen und in dünne Stifte schneiden. Möhren schälen und fein würfeln. Sellerie waschen und in dünne Scheibchen schneiden. Die frischen Kräuter waschen und trocknen. Das Fenchelkraut mit Küchenzwirn zusammenbinden. Die Petersilie fein hacken.

4 Das Olivenöl in einem Schmortopf erhitzen und den gehackten Knoblauch darin leicht anbräunen. Tomaten, Paprika, Zwiebel, Möhren, Sellerie und Fenchelkraut dazugeben und 3 Minuten anschwitzen. Mit dem Muschelsud und 1 l Wasser ablöschen, mit Pfeffer würzen und bedeckt 30 Minuten köcheln lassen. Das Fenchelkraut danach aus der Suppe nehmen.

5 Die Muscheln in die Suppe geben, mit Salz und Pfeffer abschmecken und noch 2 Minuten ziehen lassen. Reichlich mit gehackter Petersilie bestreuen und heiß servieren.

TÜRKEI

BEZELYE ÇORBASI

Erbsensuppe mit Joghurt

Nach dem türkischen Wort „yoğurt" (vergorene Milch) benannt, gehört Joghurt zu den ältesten Milchprodukten überhaupt. Die nomadischen Turkvölker Zentralasiens stellten Joghurt aus fermentierter Schafs-, Ziegen- oder Büffelmilch her. Die frische Milch wurde in Tierfellsäcke gefüllt und dann von Lasttieren transportiert. Durch die Körperwärme und die Mikroflora in den Fellsäcken kam es zur Milchsäuregärung. Ähnliches wird von den schafzüchtenden Thrakern, der Urbevölkerung des südöstlichen Balkans, berichtet. In Westeuropa wurde der Joghurt erst Anfang des 20. Jahrhundert eingeführt.

4 PORTIONEN

- 200 g getrocknete grüne Erbsen, ungeschält
- 1 mittlere Zwiebel (80 g)
- 1 Möhre (80 g)
- 250 g frischer Spinat
- 2 EL Olivenöl
- 1 Lorbeerblatt
- Salz
- 5 Stiele frische Minze
- 250 ml Natursahnejoghurt

ZUBEREITUNGSZEIT 15 Minuten
QUELLZEIT 12 Stunden
GARZEIT 90 Minuten

1 Am Abend vorher die Erbsen in eine Schüssel geben, reichlich mit kaltem Wasser bedecken und eine Nacht quellen lassen.

2 Am nächsten Tag die Zwiebel schälen und fein hacken. Die Möhre schälen und in kleine Würfel schneiden. Den Spinat säubern, welke Blätter und grobe Stiele entfernen, waschen und abtropfen lassen.

3 Das Olivenöl in einem Topf erhitzen. Zwiebel und Möhre hinzugeben und 5 Minuten anschwitzen, dabei umrühren. Die Erbsen abgießen und in den Topf geben. Das Lorbeerblatt sowie 1250 ml Wasser zugeben (sodass alles gut bedeckt ist) und zum Kochen bringen. Die Suppe dann bedeckt etwa 90 Minuten sanft garen, bis die Erbsen zerfallen. Nach 1 Stunde Kochzeit den Spinat untermischen.

4 Am Ende der Garzeit das Lorbeerblatt entfernen. Die Suppe mit einem Pürierstab pürieren und mit Salz abschmecken.

5 Die Minze waschen, trocknen und die Blätter fein hacken. Den Joghurt unter die heiße, nicht mehr kochende Suppe rühren, gehackte Minze darüberstreuen und gleich servieren.

PRO PORTION
E 15 g • KH 25 g • F 12 g
297 kcal

LIBANON

MAKHLOUTA

Hülsenfrüchte-Getreide-Suppe

Makhlouta bedeutet „Gemisch" auf Arabisch. Das Gemisch aus diversen Hülsenfrüchten und Getreide – Reis und Bulgur – macht aus dieser einfachen Suppe eine vollständige, vegetarische Mahlzeit. Traditionell wird diese Hülsenfrüchte-Getreide-Suppe im Winter in den Bergregionen im Libanon wie auch in Jordanien und Syrien zubereitet. Die äußerst nährstoff- und ballaststoffreiche Makhlouta ist normalerweise rein vegetarisch, wird aber manchmal mit etwas Lammfett (Awarma) geschmacklich abgerundet.

V

4 PORTIONEN

- 60 g getrocknete Kichererbsen
- 60 g getrocknete weiße Bohnen (oder Kidneybohnen)
- 60 g rote Linsen
- 60 g grüne Linsen
- 60 g Langkorneis (10 Minuten Garzeit)
- 25 g Bulgur (Weizengrütze)
- Kreuzkümmel
- Salz, Pfeffer
- 1 große Zwiebel (100 g)
- 2 EL Olivenöl

ZUBEREITUNGSZEIT 10 Minuten
EINWEICHZEIT 12 Stunden
GARZEIT 1 Stunde + 40 Minuten

1 Kichererbsen und Bohnen in reichlich kaltem Wasser einweichen und über Nacht quellen lassen.

2 Am nächsten Tag die aufgequollenen Hülsenfrüchte abgießen und in einen großen Topf geben. Mit kaltem Wasser gut bedecken, erhitzen und etwa 1 Stunde sanft garen. Dann die roten und die grünen Linsen hinzufügen und weitere 30 Minuten köcheln lassen, bis die Linsen gar sind. Reis, Bulgur und Gewürze zugeben und noch etwa 10 Minuten zu Ende garen. Die Suppe mit Salz und Pfeffer abschmecken.

3 Die Zwiebel abziehen, in Ringe schneiden und in dem Olivenöl anbraten. Auf die Suppe geben und heiß servieren.

PRO PORTION
E 15 g • KH 43 g • F 7 g
318 kcal

IRAN

ASHE-E ANAR

Granatapfelsuppe

Der ganz besondere süßsaure und köstlich erfrischende Geschmack der Ashe-e Anar entsteht durch die Zugabe von Granatapfelmelasse und frischen Granatapfelkernen. Anstelle der Melasse kann auch frisch ausgepresster Granatapfelsaft (200 ml) verwendet werden. In diesem Fall die Suppe mit etwas Zucker abrunden.

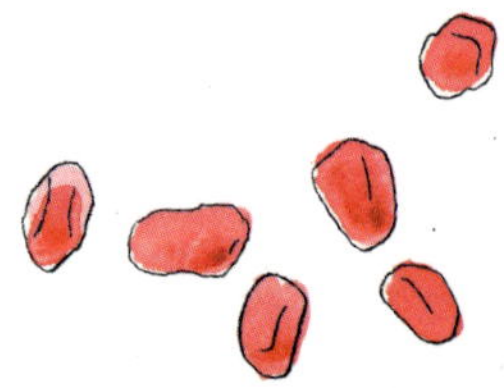

4 PORTIONEN

- 3 mittelgroße Zwiebeln (200 g)
- 250 g mageres Hackfleisch (Lamm oder Rind)
- Pfeffer, Salz
- 3 EL Öl oder Ghee
- 50 g geschälte gelbe Erbsen
- 60 g Rundkornreis
- 1 gute Handvoll Spinat (etwa 60 g)
- 1 kleines Bund Petersilie
- 1 kleines Bund Koriander
- 3–4 Lauchzwiebeln
- 4 TL Granatapfelmelasse
- 1–2 EL Zitronensaft (nach Geschmack)
- 2 TL Golpar (Engelwurz), gemahlen
- 2 Knoblauchzehen (6 g)
- 1 TL getrocknete Minze
- 1 EL Zucker zum Abrunden (nach Geschmack)
- 4 EL frische Granatapfelkerne

PRO PORTION
E 17 g • KH 32 g • F 16 g
360 kcal

ZUBEREITUNGSZEIT 20 Minuten
GARZEIT 65 Minuten

1 Die Zwiebeln schälen und 2 davon reiben. Das Hackfleisch in eine Schüssel geben und mit den geriebenen Zwiebeln sowie etwas Pfeffer und Salz gut verkneten. Aus der Masse etwa 20 walnussgroße Klößchen formen und im Kühlschrank kalt stellen.

2 Die letzte Zwiebel fein hacken. 1 EL Öl oder Ghee in einem Schmortopf erhitzen und die gehackte Zwiebel darin 2 Minuten anschwitzen. Die Erbsen zugeben und mit 1,2 l Wasser aufgießen. Erhitzen und etwa 20 Minuten sanft garen. Dann den Reis zufügen und weitere 15 Minuten köcheln lassen, dabei ab und zu umrühren. Den Spinat säubern, waschen, trocken schütteln und von dicken Stielen befreien. Petersilie und Koriander ebenfalls waschen und trocknen. Lauchzwiebeln säubern. Sämtliches Grün fein hacken, in die Suppe geben und 10 Minuten weitergaren. Regelmäßig umrühren, damit nichts anbrennt.
Die Granatapfelmelasse mit 200 ml Wasser verrühren und zusammen mit den Fleischklößchen, Zitronensaft und Golpar in die Suppe geben und noch 20 Minuten köcheln lassen.

3 Inzwischen das restliche Öl in einer kleinen Pfanne erhitzen und die geschälten und fein gehackten Knoblauchzehen darin leicht anbräunen. Die getrocknete Minze dazugeben, die Pfanne vom Herd ziehen und gut umrühren.

4 Die Suppe mit Salz, Pfeffer und eventuell etwas Zucker abschmecken, mit dem Knoblauch-Minz-Gemisch und den Granatapfelkernen bestreuen und heiß servieren.

TIPP Granatapfelmelasse und Golpar findet man in iranischen Lebensmittelgeschäften. Golpar in Pulverform verliert sein Aroma recht schnell, daher am besten nur kleine Mengen kaufen und Reste trocken und dunkel lagern.

IRAN

ASHE RESHTEH

Hülsenfrüchte-Nudel-Suppe

Die iranische Ashe ist eine gehaltvolle, eintopfartige Suppe. Sie zählt zu den ältesten persischen Rezepten und war traditionell ein Arme-Leute-Essen. Die Ashe Reshteh wird oft zu wichtigen Anlässen – als Abschiedsmahl für ein Familienmitglied, das auf Reisen geht, zur Fastenzeit oder zum persischen Neujahrsfest (Nouruz) am 20. März – serviert. Reshteh sind persische Weizenmehlnudeln.

4 PORTIONEN

- 60 g getrocknete gelbe Erbsen
- 60 g getrocknete Kidneybohnen
- 2 große Zwiebeln (200 g)
- 5 EL Oliven- oder Traubenkernöl
- 2 TL Kurkuma, gemahlen
- 3 EL getrocknete Minze
- 60 g rote Linsen
- 200 g frischer Spinat
- ½ Bund Petersilie
- ½ Bund Dill
- 3 Frühlingszwiebeln
- Salz, Pfeffer
- 3 Knoblauchzehen (9 g)
- 130 g Reshteh (ersatzweise Linguine)
- 4 EL Kashk (aus iranischen Läden, ersatzweise Sahnejoghurt mit 1 TL Roquefort vermischt)

PRO PORTION
E 17 g • KH 48 g • F 17 g
435 kcal

ZUBEREITUNGSZEIT 25 Minuten
EINWEICHZEIT 12 Stunden
GARZEIT 1 Stunde 45 Minuten

1 Am Abend vorher Erbsen und Bohnen in reichlich kaltem Wasser einweichen und 12 Stunden quellen lassen.

2 Am nächsten Tag die Zwiebeln schälen und fein hacken. 2 EL Olivenöl in einer Pfanne erhitzen und die Zwiebeln darin 2 Minuten anschwitzen. Kurkumapulver darüberstreuen und gut umrühren. Die Hälfte von dem Gemisch in einem Schälchen beiseitestellen.

3 1 EL Minze in einem Schmortopf unter Rühren kurz erhitzen, bis Minzaroma aufsteigt, dann 750 ml Wasser angießen. Die eingeweichten Hülsenfrüchte abgießen und zusammen mit den Linsen in den Topf geben. Erhitzen und zugedeckt 1 Stunde köcheln lassen.

4 Inzwischen den Spinat und die frischen Kräuter waschen, trocknen und fein hacken. Die Frühlingszwiebeln säubern und mit den Stielen fein hacken. Gehackte Kräuter und Zwiebeln zu den Hülsenfrüchten geben, mit etwas Salz und Pfeffer würzen und 750 ml heißes Wasser zufügen, sodass alles gut bedeckt ist. Weitere 30 Minuten garen. Knoblauch schälen und fein hacken. In einer kleinen Pfanne 3 EL Olivenöl erhitzen und den gehackten Knoblauch darin leicht anbräunen. Die restliche Minze zugeben und ein paar Sekunden mitdünsten, bis Minzaroma aufsteigt (Vorsicht, sie darf nicht verbrennen). Die Pfanne dann sofort vom Herd ziehen und das Knoblauch-Minz-Gemisch in ein Schälchen umfüllen.

5 Die Nudeln in die gare Suppe geben und 10 Minuten (nach Packungsanweisung) garen.

6 Die Suppe abschmecken. Den Kashk mit etwas Wasser zu einer Joghurtartigen Konsistenz verrühren. Kashk, Kurkuma-Zwiebeln und Knoblauch-Minz-Öl auf der Suppe verteilen und heiß servieren.

ALGERIEN

CHORBA BAYDA

Weiße Hühnersuppe

In der nordafrikanischen und orientalischen Küche wird gerne Smen – ein Äquivalent des indischen Ghee – benutzt. Die geklärte, gesalzene und z. T. mit Kräutern aromatisierte Butter aus Schafs- oder auch Kuhmilch verleiht den Gerichten einen typischen, leicht an Käse erinnernden Geschmack. Smen wird in Tontöpfen licht- und luftgeschützt gelagert, wobei sein Aroma mit der Zeit an Intensität gewinnt.
Smen und Ghee haben zwei enorme Vorteile: Sie halten sich monatelang (ohne Kühlschrank!) und können stark erhitzt werden, ohne zu verbrennen.

4 PORTIONEN

- 250 g Hähnchenbrust
- 1 mittlere Zwiebel (80 g)
- 1 kleines Bund Petersilie
- 1 EL Smen oder Butter
- ½ TL Zimt
- Salz, weißer Pfeffer
- 100 g Grünkernschrot (oder Suppennudeln)
- 1 Handvoll Kichererbsen, gegart
- 1 Eigelb
- Saft von ½ Zitrone

ZUBEREITUNGSZEIT 15 Minuten
GARZEIT 50 Minuten

1 Das Hähnchenfleisch in Würfel schneiden. Die Zwiebel schälen und fein hacken. Die Petersilie waschen, trocknen und fein hacken.

2 Das Smen oder die Butter in einem großen Topf erhitzen. Die Hähnchenwürfel, die gehackte Zwiebel, die Hälfte der Petersilie, Zimt, etwas Salz und Pfeffer zugeben und alles zusammen 5 Minuten sanft anbraten. Dabei umrühren. Etwa 1 l Wasser angießen, sodass alles gut bedeckt ist, zudecken und etwa 30 Minuten bei schwacher Hitze köcheln lassen. Das Grünkernschrot einstreuen und noch 20 Minuten (nach Packungsangabe) weitergaren. Kurz vor Ende der Garzeit die Kichererbsen dazugeben.

3 In einem Schälchen das Eigelb mit dem Zitronensaft und der restlichen gehackten Petersilie verquirlen. 3 EL Suppenflüssigkeit unterrühren und dieses Gemisch zurück in den Topf geben. Gut umrühren und nicht mehr kochen lassen.

4 Abschmecken und gleich servieren.

PRO PORTION
E 19 g • KH 19 g • F 6 g
220 kcal

AFGHANISTAN

MAUSHAWA

Bohnensuppe mit Fleischklößchen

In Afghanistan liebt man diese Suppe recht scharf und die Mengenangaben für Chili sind in den meisten Rezepten eher vage. Zuerst am besten vorsichtig dosieren und abschmecken. Mungobohnen werden seit mehreren Jahrtausenden in Indien angebaut und haben sich auf ganz Südostasien ausgebreitet. Sie sind sehr eiweißreich und leicht verdaulich.

4 PORTIONEN

- 60 g getrocknete rote Bohnen (Kidneybohnen)
- 100 g gelbe Schälerbsen
- 80 g geschälte Mungobohnen
- 60 g Rundkornreis
- Salz
- 200 g Rinderhack
- 1/3 TL schwarzer Pfeffer, gemahlen
- ¼ TL Chilipulver
- ¼ TL Zimt
- 1 große Zwiebel (100 g)
- 2 mittelgroße Tomaten (160 g)
- 2–3 EL Öl
- 1 EL Dill, fein gehackt
- 150 g Natursahnejoghurt (z. B. griechischer Joghurt)
- Chilipulver

PRO PORTION
E 26 g • KH 41 g • F 16 g
440 kcal

ZUBEREITUNGSZEIT 25 Minuten
EINWEICHZEIT 12 Stunden
GARZEIT 2 Stunden und 5 Minuten

1 Am Abend vorher die roten Bohnen in eine Schüssel geben, reichlich mit kaltem Wasser bedecken und 12 Stunden quellen lassen.

2 Am nächsten Tag die Bohnen mit ihrem Einweichwasser in einen großen Topf umfüllen, erhitzen und 1 Stunde sanft köcheln lassen. Erbsen und Mungobohnen waschen und zu den Bohnen geben. 500 ml Wasser zufügen und 30 Minuten bei schwacher Hitze garen. Den Reis abspülen, mit 1 TL Salz zu den Bohnen geben und noch etwa 30 Minuten weiterköcheln, bis alles gar ist.

3 Inzwischen das Hackfleisch in einer Schüssel mit allen Gewürzen und 1/3 TL Salz verkneten und zu haselnussgroßen Klößchen formen. Die Zwiebel schälen und fein hacken. Die Tomaten überbrühen, die Haut abziehen, entkernen und in kleine Würfel schneiden. Das Öl in einem Schmortopf erhitzen und die Fleischklößchen darin von allen Seiten anbräunen. Die gehackte Zwiebel hinzugeben und 2 Minuten anschwitzen. Die Tomaten zufügen, umrühren und bedeckt 30 Minuten bei schwacher Hitze dünsten. Dann das Bohnengemisch zu den Fleischklößchen geben, etwa 500 ml Wasser (sodass alles gut bedeckt ist) und den Dill zufügen und einmal aufkochen lassen. Den Topf vom Herd ziehen, den Joghurt unterrühren und die Suppe erneut erhitzen, aber nicht mehr kochen lassen.

4 Die Suppe mit Salz und Chili abschmecken und heiß servieren. Dazu das Brot (Naan oder Lavash) reichen.

AFRIKA & INDISCHER OZEAN

Afrika ist so groß und in seinen kulturellen, klimatischen und landschaftlichen Bedingungen verschieden, dass auch seine Suppenkultur eine enorme Spannbreite hat. In den Küstengegenden sind natürlich Fischsuppen sehr beliebt (Thiou Boulettes, Seite 88, Pèpè Soup, Seite 95). Fisch sowie Krusten- und Schalentiere werden hier sowohl frisch als auch getrocknet, geräuchert, gesalzen oder fermentiert verwendet. Auf diese Weise haltbar gemacht, verleihen sie den afrikanischen Suppen ein spezifisches, ausgeprägtes Aroma und sichern außerdem die Versorgung mit tierischen Proteinen.

Wurzelgemüse wie Maniok, Taro, Yamswurzel oder Süßkartoffel gehören zu den Grundnahrungsmitteln in Afrika und man findet sie selbstverständlich auch in den Suppen, wie im Kétoun (Seite 92). Lokale Gewürze, zum Teil fermentiert, spielen eine wichtige Rolle. Bis heute zerstampfen die afrikanischen Frauen auf traditionelle Weise in riesigen Mörsern Nététou, Esèsè, Macisbohnen, Njansang-Samen, Chili usw. zusammen mit Zwiebeln, Knoblauch und verschiedensten Kräutern. So entstehen sehr aromatische Würzpasten, die den Gerichten einen unvergleichlichen Geschmack verleihen.

Die Verbindung Afrikas mit Indien – nach der Entdeckung des südlichen Seeweges nach Indien über den Indischen Ozean durch Vasco da Gama – ist noch heute erkennbar. Die damals errichteten Handelskontore entlang der afrikanischen Küste und im Indischen Ozean wurden zum Umschlagplatz der aus Indien mitgebrachten Schätze, vor allem von Gewürzen. So findet man zum Beispiel Curry in der südafrikanischen Butternusskürbissuppe (Seite 94) oder in der Schwarze-Bohnen-Suppe aus Tansania (Seite 99). Auch das maurizianische Halim (Seite 98) wird mit indischen Gewürzen verfeinert.

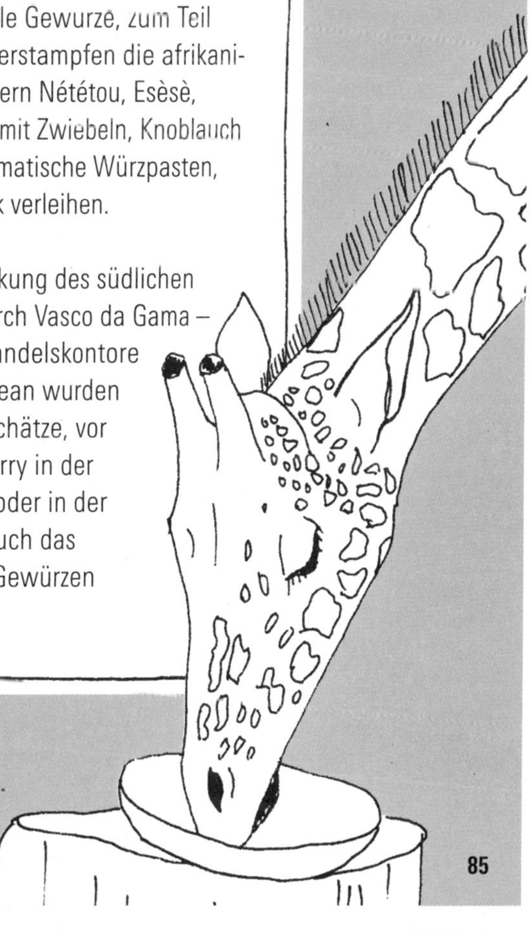

1 BRÜHWÜRFEL
Würzmittel wie Brühwürfel werden aus verschiedenen aromagebenden Zutaten hergestellt, die dehydriert, eingedampft und getrocknet werden. Der Geschmack von Brühwürfel ist auf verschiedene Peptide und Aminosäuren zurückzuführen.

2 NÉTÉTOU
Das Gewürz wird aus den fermentierten Samen der Schoten des Néré-Baumes hergestellt und in Form von kleinen getrockneten Kügelchen angeboten. Das Gewürz hat ein intensives, an Miso und getrocknete Steinpilze erinnerndes Aroma.

3 NJANSANG-SAMEN
Die Samen der Früchte des Baumes Ricinodendron heudelotii haben einen nussigen und leicht herben Geschmack. Es ist in der kamerunischen Küche sehr beliebt.

4 CHILIS
In Afrika liebt man Habanero und Bird's eye. Achten Sie bei der Dosierung auf den hohen Schärfegrad und tragen Sie am besten Handschuhe bei der Zubereitung.

5 MACISBOHNEN
In gut sortierten afrikanischen Lebensmittelgeschäften auch unter dem (französischen) Namen „Cosses de Pèbè" erhältlich. Die nussartigen Früchte des wunderschön blühenden Baumes Monodora Myristica ähneln Muskatnuss im Geschmack.

6 MANIOK
Die Wurzelknolle hat einen neutralen, kartoffelähnlichen Geschmack. In Afrika, Asien und Brasilien verwendet man auch die Blätter als Gemüse. Maniok ist in rohem Zustand giftig und muss daher immer gründlich gekocht werden.

7 TARO
Verzehrt werden die stärkehaltigen Rhizome der Pflanze – im Geschmack Kartoffeln und Esskastanien ähnlich –, in vielen Gegenden aber auch die proteinreichen Blätter und Stiele.

8 GETROCKNETER FISCH
Das Salzen, Räuchern und Trocknen von Fisch ist in Afrika eine klimabedingte Notwendigkeit. Bereits kleine Mengen verleihen einen intensiven Geschmack.

9 ROTE LINSEN
Rote Linsen, ausschließlich geschält im Handel zu finden, verwendet man vor allem in Suppen, da sie beim Kochen schnell zerfallen.

10 CURRYBLÄTTER
Die Blätter werden vor allem in der indischen und sri-lankischen Küche benutzt. Regional wird daraus Currypulver (nicht zu verwechseln mit der bei uns bekannten Gewürzmischung) hergestellt.

11 OKRASCHOTEN
Die Schoten kommen ursprünglich aus Ostafrika (Äthiopien). Okraschoten verleihen Suppen und Saucen eine besondere, sämige Konsistenz.

12 ROTES PALMÖL
In Ägypten wurde Palmöl schon vor 5000 Jahren sowohl in der Küche als auch in der Heilkunde verwendet. Rotes, unraffiniertes Palmöl – nussig und leicht herb im Geschmack – ist sehr reich an Vitamin E und Beta-Karotin. Der Vitamingehalt wird allerdings durch Erhitzen stark reduziert.

SENEGAL

THIOU BOULETTES

Scharfe Fischklößchensuppe

Der Instantbrühwürfel fand seinen Weg nach Afrika Ende des 19. Jahrhunderts im Gepäck der Kolonialherren. Er erfreute sich bald größter Beliebtheit – er ist günstig und lange haltbar – und ist bis heute in vielen traditionellen Gerichten unumgänglich. Im Senegal hat der Würfel den Spitznamen „corrige Madame", d. h. „Hausfrauen-Verbesserer".

4 PORTIONEN

FÜR DIE FISCHKLÖSSCHEN

- 500 g Fischfilet (Seelachs, Kabeljau)
- 1 kleine Zwiebel (50 g)
- 3 Knoblauchzehen (9 g)
- 1 frische Chilischote (Habanero)
- 1 Brühwürfel
- ½ TL Salz
- ½ TL Pfefferkörner
- 1 EL Erdnusscreme
- 1 EL Maismehl
- etwa 200 ml Frittieröl

FÜR DIE SUPPE

- 3 vollreife Tomaten (250 g)
- 1 große Zwiebel (100 g)
- 3 Knoblauchzehen (9 g)
- 1 EL Tomatenmark
- 1 Brühwürfel
- ½ TL frisch gemahlener Pfeffer
- 1 große Möhre (100 g)
- 1 große Kartoffel (125 g)
- ½ kleiner Weißkohl (oder Kürbis, Süßkartoffel, Maniok) (400 g)
- gemahlener Chili (nach Geschmack)
- Salz

PRO PORTION
E 29 g • KH 16 g • F 24 g
415 kcal

ZUBEREITUNGSZEIT 30 Minuten
GARZEIT 35 Minuten

1 Fischfilets in Stücke schneiden und in der Küchenmaschine fein hacken.

2 Zwiebel und Knoblauchzehen schälen und grob zerkleinern. Die Chilischote halbieren, von den Kernen befreien und grob hacken. Alles zusammen mit dem Brühwürfel, Salz und Pfefferkörnern im Mörser zu einer feinkörnigen Paste zerreiben (oder im Mixer zerkleinern). Die Paste in eine Schüssel geben und mit dem gehackten Fisch, der Erdnusscreme und dem Maismehl vermengen. Falls nötig, etwas mehr Maismehl zugeben, um eine formbare Masse zu erhalten.

3 Die Hände leicht einölen und aus der Fischmasse etwa walnussgroße Klößchen formen. Das Öl 1 cm hoch in einer großen Pfanne erhitzen und die Hälfte der Fischklößchen darin 5 Minuten von allen Seiten anbräunen. Mit dem Rest der Fischklößchen ebenso verfahren. Auf Küchenpapier abtropfen lassen. 3 EL Frittieröl beiseitestellen.

4 Tomaten überbrühen, abziehen, entkernen und mit 2 EL Wasser pürieren. Zwiebel und Knoblauch schälen, fein hacken und mit Tomatenpüree, Tomatenmark, Brühwürfel und gemahlenem Pfeffer verrühren.

5 Möhre und Kartoffel schälen und würfeln. Weißkohl säubern, Strunk entfernen und in Streifen schneiden.

6 Das beiseitegestellte Frittieröl von den Fischklößchen in einem Schmortopf erhitzen und die Tomatensauce darin 3 Minuten andünsten. Das zerkleinerte Gemüse, Chilipulver und etwas Salz hinzugeben, etwa 1 l Wasser angießen, sodass alles gut bedeckt ist, und einmal aufkochen lassen. Die Hitze dann reduzieren und etwa 30 Minuten bedeckt garen, bis das Gemüse weich ist. Die Fischklößchen auf das Gemüse geben und noch 10 Minuten ziehen lassen. Die Suppe abschmecken und heiß mit Reis oder Yamswurzel reichen.

SENEGAL

SOUPE KANDIA

Okraschotensuppe

„Kandié“ bezeichnet Okraschoten in Wolof, eine senegalesische Sprache. Die Suppe hat eine sehr sämige, saucenartige Konsistenz durch den Kleber der Okraschoten. Traditionell wird diese Suppe auf weißem Reis angerichtet. In dieser Suppe bleibt die Chilischote ganz und wird extra serviert. Nur wer gerne scharf isst, nimmt dann ein Stück von der gegarten Chilischote.

4 PORTIONEN

- 250 g Suppenfleisch (Rind, Lamm oder Ziege)
- 1 große Zwiebel (100 g)
- 250 ml rotes unbehandeltes Palmöl
- 30 g getrockneter Yet (nach Belieben)
- 1 EL Tomatenmark
- 300 g frischer Fisch/Filet (Meeräsche, Kabeljau)
- 30 g getrockneter ungesalzener Fisch (Guedj)
- 30 g geräucherter getrockneter Fisch (Kong)
- 600 g Okraschoten
- 2 Knoblauchzehen (6 g)
- 1 Frühlingszwiebel
- 1 TL Nététou
- 1 frische Pfefferschote (Habanero)
- 1 getrocknete Pfefferschote (oder weniger nach Geschmack)
- 1 Brühwürfel
- 1 frische Chilischote
- Salz

PRO PORTION
E 40 g • KH 5 g • F 69 g
813 kcal

ZUBEREITUNGSZEIT 25 Minuten
GARZEIT etwa 2 Stunden

1 Das Fleisch in sehr kleine Würfel schneiden. Die Zwiebel schälen und hacken. 50 ml Palmöl in einem Schmortopf erhitzen. Das gewürfelte Fleisch, den Yet und die Zwiebel zugeben und leicht anbräunen. Tomatenmark hinzufügen, umrühren und 30 Minuten sanft köcheln lassen.

2 Dann 1,5 l Wasser angießen und etwa 1 Stunde köcheln lassen, bis das Fleisch fast gar ist. Den frischen, den getrockneten und den geräucherten Fisch zugeben und weitere 10 Minuten garen. Den frischen Fisch dann wieder aus der Suppe nehmen, von den Gräten befreien, grob zerpflücken und beiseitestellen.

3 Die Okraschoten von Stielansatz und Spitze befreien und in 1 cm breite Ringe schneiden. Den „Nokoss“ (Würzpaste) zubereiten: Die Knoblauchzehen schälen. Die Frühlingszwiebel säubern und hacken. Nététou, getrocknete Chilischote und Brühwürfel in einem Mörser fein zerreiben. Die Frühlingszwiebel und die Knoblauchzehe zugeben und alles nochmals fein mörsern. Diese Würzpaste zusammen mit den Okrascheiben, der frischen Chilischote, etwas Salz und dem restlichen Palmöl in die Suppe geben und bei schwacher Hitze etwa 30 Minuten weiterköcheln. Ab und zu sanft umrühren, damit nichts anbrennt.

4 10 Minuten vor Ende der Garzeit den aufbewahrten Fisch in die Suppe geben. Die Kandiasuppe heiß servieren. Reis (z. B. gebrochenen Reis, wie in Afrika) dazu reichen.

INFO Yet ist eine fermentierte, getrocknete Walzenschnecke, auch Meerescamembert genannt.

TIPP In Afrika gehören außerdem ein paar frische kleine Krebse und eine Handvoll Garnelen dazu.

GUINEA

KÉTOUN

Wurzelgemüse-Suppe

Zu den typischen afrikanischen Wurzelgemüsen gehört u. a. die Yamswurzel, auch Igname, Knollenbohne oder Brotwurzel genannt. Die aus Südchina stammende subtropische Kletterpflanze ähnelt im Geschmack Süßkartoffeln und Esskastanien und hat eine sehr vielseitige Verwendung in der Küche.

4 PORTIONEN

- 400 g Maniok
- 200 g Yamswurzeln
- 200 g Süßkartoffeln
- 100 g Taro
- 1 große Zwiebel (100 g)
- 1 EL gehackte Lauchzwiebel
- 200 g Rinderhack
- 1 EL getrockneter geräucherter Fisch (Kong), fein gemörsert
- 1 EL Erdnusscreme
- 50 g rotes Palmöl
- 1 frische Chilischote (Habanero)
- 1 Brühwürfel
- Salz

ZUBEREITUNGSZEIT 20 Minuten
GARZEIT 40 Minuten

1 Das Gemüse schälen und in kleine Würfel (2 cm Kantenlänge) schneiden. Die Zwiebel schälen und im Mörser zerreiben (oder mixen). 1,5 l Wasser in einen großen Topf gießen. Gemüsewürfel, Zwiebeln, Lauchzwiebel, Hackfleisch, getrockneten Fisch, Erdnusscreme und Palmöl hinzufügen. Das Ganze erhitzen und 20 Minuten köcheln lassen.

2 Dann die ganze Chilischote, den Brühwürfel und etwas Salz zugeben und weitere 15 bis 20 Minuten sanft garen, bis das Gemüse weich ist. Die Suppe soll eine sämige Konsistenz haben. Je länger die Garzeit, desto sämiger die Suppe.

TIPP Wenn getrockneter geräucherter Fisch nicht aufzutreiben ist, ein kleines Stück geräucherte Makrele verwenden.

VEGETARISCHE VARIANTE Hackfleisch und getrockneten Fisch weglassen und frisches Brot zu der Suppe reichen.

PRO PORTION
E 18 g • KH 51 g • F 23 g
503 kcal

SÜDAFRIKA

BUTTERNUSS-KÜRBIS-SUPPE

Der Butternusskürbis, oder Birnenkürbis, gehört zu der Pflanzengattung der Kürbisse, ursprünglich im nördlichen Südamerika, Zentralamerika sowie dem Süden der USA beheimatet. Er wurde nach der Entdeckung Amerikas in Europa, Afrika und Asien eingeführt, wie auch alle anderen Kürbissorten dieser Familie. Da der Butternusskürbis viel Sonne braucht, trifft man ihn vor allem in tropischen Gebieten an. Er gehört zu den ältesten Kulturpflanzen der Welt.

4 PORTIONEN

- 700 g Butternusskürbis
- 2 säuerliche Äpfel (250 g)
- 1 mittlere Zwiebel (80 g)
- 2 EL Butter oder Olivenöl
- 2 EL Currypulver
- 5 weiße Pfefferkörner
- 1 Brühwürfel

ZUBEREITUNGSZEIT 15 Minuten
GARZEIT 40 Minuten

1 Den Kürbis und die Äpfel schälen, entkernen und in große Würfel schneiden. Die Zwiebel schälen und hacken.

2 Die Butter oder das Öl in einem Schmortopf erhitzen und die gehackte Zwiebel darin 3 Minuten anschwitzen. Currypulver und Pfefferkörner zugeben und 3 Minuten bei mittlerer Hitze anrösten, dabei umrühren. Kürbis- und Apfelwürfel hinzufügen, umrühren und mit etwa 1,5 l kaltem Wasser bedecken. Den Brühwürfel über dem Topf zerkrümeln und das Ganze zum Kochen bringen. Den Topf dann zudecken und 25 bis 30 Minuten sanft garen, bis Kürbis und Äpfel weich sind.

3 Die Kürbissuppe mit dem Pürierstab zerkleinern und abschmecken. Heiß servieren.

PRO PORTION
E 2 g • KH 15 g • F 6 g
135 kcal

KAMERUN

PÈPÈ SOUP

Scharfe Fischsuppe

Auch in dieser Fischsuppe geben typische afrikanische Gewürze den Ton an, darunter Esèsè (auch „4 côtés“ genannt, weger seiner vierkantigen Form). Es handelt sich dabei um das getrocknete Fruchtfleisch des Tetrapleura-tetraptera-Baumes. In der Volksmedizin finden ebenfalls die Blätter, die Rinde, die Wurzeln und die Samen Verwendung.

4 PORTIONEN

- 800 g Fisch in 3 cm dicken Scheiben (Meeräsche, Zackenbarsch, Karpfen)
- ½ Limette
- 10–12 Njansang-Samen
- 2 Macisbohnen
- 5 g Esèsè
- 2–3 vollreife Tomaten (150 g)
- 1 große Zwiebel (100 g)
- 5 g Ingwerwurzel
- 1 frische Chilischote (Habanero)
- 1 Brühwürfel (oder 1 Fischbrühwürfel)
- Salz

ZUBEREITUNGSZEIT 20 Minuten
GARZEIT 25 Minuten

1 Den Fisch falls nötig kurz abspülen, trocken tupfen und mit der halben Limette abreiben. Die Njansang-Samen in einer Pfanne ohne Fettzugabe leicht anrösten und in einen Mörser geben. Die Macisbohnen dunkelbraun rösten und schälen. Beide Gewürze zusammen mit dem Esèsè im Mörser zu Pulver zerreiben. Die Tomaten überbrühen, häuten und vierteln. Die Zwiebel schälen und in große Stücke schneiden. Den Ingwer schälen und grob zerkleinern. Die Chilischote halbieren und entkernen. Tomaten, Zwiebel, Ingwer und halbierte Chilischote zusammen mixen. Den Fisch zusammen mit dem Tomatenpuree und den gemörserten Gewürzen in einen Schmortopf geben. Die Fischstücke mehrmals wenden, sodass sie gleichmäßig von der Tomaten-Gewürz-Mischung bedeckt sind.

2 Den Schmortopf auf die Herdplatte stellen. Das Ganze erhitzen und 5 Minuten köcheln lassen. Dann etwa 600 ml Wasser zugeben, sodass alles gut bedeckt ist, und 15 Minuten sanft garen.

3 Den Brühwürfel über dem Topf zerbröseln, gut umrühren und die Suppe mit Salz abschmecken. Falls nötig, etwas Wasser zufügen. Noch etwa 5 Minuten garen, aber aufpassen, dass der Fisch nicht zerfällt.

4 Die Suppe mit Yamswurzeln oder Reis reichen.

PRO PORTION
E 31 g • KH 3 g • F 6 g
202 kcal

MADAGASKAR

ROMAZAVA

Fleisch-Gemüse-Ragout mit Chili-Tomaten-Rougail

Der Romazava ist ein Fleisch-Blattgemüse-Ragoût aus dem Indischen Ozean. In Madagaskar wird dieses Gericht traditionell mit Zebufleisch und Parakresse (auch Husarenknopf genannt) zubereitet. Parakresse hat einen pikanten, prickelnden Geschmack und wirkt leicht betäubend auf Zunge und Zahnfleisch. Ursprünglich vermutlich in Peru beheimatet, ist Parakresse in diversen traditionellen Gerichten sowohl in Südamerika, als auch auf den Komoren und der Réunionsinsel unumgänglich.

4 PORTIONEN

- 800 g Schmorfleisch vom Rind (Beinscheibe, Schulter)
- 1 Zwiebel (80 g)
- 1 Knoblauchzehe (3 g)
- 3–4 vollreife Tomaten (250 g)
- 2 EL Öl
- 1 TL frisch geriebener Ingwer
- Salz, Pfeffer
- 250 g Parakresse (Asialaden)

FÜR DIE CHILI-TOMATEN-SAUCE (ROUGAIL)

- 2 cm Ingwer
- 10 frische kleine Chilis (oder weniger, nach Geschmack)
- 2 vollreife Tomaten (160 g)
- 2 Schalotten (50 g)
- ½ TL Salz
- 2 EL Öl

PRO PORTION
E 41 g • KH 5 g • F 27 g
440 kcal

ZUBEREITUNGSZEIT 40 Minuten
GARZEIT 2–3 Stunden (je nach Fleischqualität)

1 Das Fleisch in große Würfel schneiden. Zwiebel und Knoblauch schälen und fein hacken. Die Tomaten überbrühen, die Haut abziehen, entkernen und grob hacken.

2 Das Öl in einem Schmortopf erhitzen und die Fleischwürfel darin von allen Seiten anbraten. Zwiebel, Knoblauch und Ingwer zugeben und 5 Minuten andünsten. Tomaten zugeben, mit Salz und Pfeffer würzen und weitere 5 Minuten dünsten. Dann etwa 1250 ml heißes Wasser angießen, sodass alles gut bedeckt ist, und zum Kochen bringen. Bei schwacher Hitze bedeckt 2 bis 3 Stunden köcheln lassen, bis das Fleisch gar ist.

3 Inzwischen die Rougail-Sauce zubereiten: Ingwer schälen und reiben. Chilis entkernen und fein hacken. Beides zusammen im Mörser fein zerreiben oder mixen. Tomaten häuten, entkernen und sehr fein würfeln. Schalotten abziehen und sehr fein hacken.

4 Alle Zutaten in ein Schälchen geben, Salz und Öl hinzufügen und gut verrühren. Beiseitestellen.

5 Die Parakresse säubern, nur die zarten Blätter sowie einen Teil der kleinen Blütenknospen verwenden, und waschen. Sobald das Fleisch gar ist, die Kresse hinzufügen, wenn nötig etwas Wasser zugeben, und noch 5 bis 10 Minuten zu Ende garen.

6 Mit Reis und Tomaten-Chili-Rougail servieren.

TIPP Parakresse kann durch Brunnenkresse oder Spinat ersetzt werden.

MAURITIUS

HALIM

Hülsenfrüchte-Eintopf mit indischen Gewürzen

Mauritius ist ein Schmelztiegel verschiedenster Kulturen, was sich ebenfalls in der Küche bemerkbar macht. Halim, ursprünglich eine Ramadansuppe aus Pakistan und Persien, wird hier mit indischen Gewürzen angereichert. Typisch in der Suppe ist auch die Verwendung von Chana Dal (getrocknete geschälte Kichererbsen, ebenfalls als gelbe Linsen bezeichnet), die in Indien und Pakistan zu den beliebtesten Hülsenfrüchten gehören.

V

4 PORTIONEN

- 60 g Chana Dal (gelbe Linsen)
- 2 mittlere Zwiebeln (150 g)
- 2 Knoblauchzehen (6 g)
- 2–3 cm frischer Ingwer
- 2 EL Öl
- 300 g Hammelfleisch mit Knochen (Nackenscheiben) in grobe Stücke zerteilt
- 1 TL Kreuzkümmel, gemahlen
- 1 TL Zimt gemahlen
- 1 Nelke, gemahlen
- 1 Sternanis, ganz
- 1 TL Kardamom, gemahlen
- 1 Prise Muskatnuss
- 1 TL Kurkuma, gemahlen
- 170 g rote Linsen
- 60 g Bulgur (zum Andicken der Suppe)
- Salz
- 1 Spritzer Essig oder Zitronensaft
- 4 EL gehackte Korianderblätter
- 2 EL Schnittlauchröllchen

PRO PORTION
E 25 g • KH 38 g • F 20 g
447 kcal

ZUBEREITUNGSZEIT 20 Minuten
EINWEICHZEIT 1 Stunde (für Chana Dal)
GARZEIT etwa 75 Minuten

1 Die Chana Dal gründlich waschen und dann eine Stunde in vierfacher Menge Wasser quellen lassen.

2 Zwiebeln und Knoblauch schälen und fein hacken. Den Ingwer schälen und fein reiben. Das Öl in einem Schmortopf erhitzen. Fleisch, Zwiebeln, Knoblauch und Ingwer dazugeben und von allen Seiten leicht anbraten. Die Gewürze mischen, über das Fleisch streuen und 2 Minuten schmoren, dabei umrühren.

3 Die Chana Dal hinzufügen, mit etwa 1,5 l kaltem Wasser gut bedecken und zum Kochen bringen. 20 Minuten bei mittlerer Hitze garen. Dann die Linsen zugeben, 10 Minuten später den Bulgur. Alles zusammen weitere 25 Minuten köcheln. (Wenn nötig, etwas mehr Wasser zufügen).

4 Am Ende der Garzeit das Fleisch herausnehmen, von den Knochen lösen und zurück in die Suppe geben. Weitere 5 bis 10 Minuten köcheln lassen. Die Suppe mit Salz und einem Spritzer Essig oder Zitronensaft abschmecken, mit den frischen Kräutern bestreuen und heiß servieren.

VEGETARISCHE VARIANTE Das Fleisch weglassen und stattdessen indischen Frischkäse (Panir) und Brot (z. B. indisches Fladenbrot) zu der Suppe reichen.

TANSANIA

SCHWARZE-BOHNEN-SUPPE

mit Kokosmilch

(V)

Vor etwa 500 Jahren von den Portugiesen auf dem afrikanischen Kontinent eingeführt, gehört die Gartenbohne dort heute mit zu den meistangebauten Hülsenfrüchten, besonders in den Bergregionen Zentral- und Ostafrikas. Die asiatische Kokospalme hatte sich bereits im 10. Jahrhundert an der ostafrikanischen Küste angesiedelt.

4 PERSONEN

- 300 g getrocknete schwarze Bohnen
- 1 große Zwiebel (100 g)
- ½ grüne Paprikaschote (100 g)
- 2 große vollreife Tomaten (200 g)
- 3 EL Butter
- 1 TL Currypulver
- 1 Brühwürfel
- 1 TL Salz
- Pfeffer
- 500 ml Kokosmilch
- 60 g Reis
- 2 EL Kokosraspeln

PRO PORTION
E 23 g • KH 48 g • F 36 g
652 kcal

ZUBEREITUNGSZEIT 20 Minuten
EINWEICHZEIT 12 Stunden
GARZEIT etwa 90 Minuten

1 Am Abend vorher die schwarzen Bohnen in eine Schüssel geben, reichlich mit kaltem Wasser bedecken und über Nacht quellen lassen.

2 Am nächsten Tag die Bohnen abgießen, in einen Topf geben und mit frischem Wasser bedecken. Zum Kochen bringen und dann bedeckt 1 Stunde bei schwacher Hitze köcheln lassen.

3 Die Zwiebel schälen und fein hacken. Die grüne Paprikaschote säubern und klein würfeln. Die Tomaten überbrühen, häuten, entkernen und ebenfalls würfeln.

4 Die Butter in einem Schmortopf erhitzen. Gehackte Zwiebel, Paprikawürfel sowie Curry, zerstoßenen Brühwürfel, Salz und Pfeffer hinzufügen und 5 Minuten bei mittlerer Hitze schwitzen lassen, dabei umrühren. Tomatenwürfel zugeben und 2 Minuten mitschmoren. Die vorgegarten schwarzen Bohnen (mit ihrer Kochflüssigkeit) und die Kokosmilch zu dem Gemüse geben und gut umrühren. Fall nötig etwas kaltes Wasser zugießen, sodass die Bohnen gut bedeckt sind, und zum Kochen bringen.

5 Die Hitze dann reduzieren und weitere 20 bis 30 Minuten köcheln lassen, bis die Bohnen weich sind (ohne zu zerfallen). Inzwischen den Reis al dente garen.

6 Die Bohnen abschmecken, den Reis untermischen und alles zusammen noch 10 Minuten ziehen lassen. Die Bohnensuppe auf tiefe Teller verteilen, mit Kokosraspeln bestreuen und heiß servieren.

TIPPS Die Kokosraspeln in einer Pfanne ohne Fettzugabe goldbraun rösten. Der Brühwürfel ist zwar typisch für Afrika, kann aber durch etwas mehr Curry ersetzt werden.

LA RÉUNION

BITTER-GURKEN-STOCKFISCH-BOUILLON

Die ursprünglich indische Bittergurke bzw. Bittermelone (Familie der Kürbisgewächse) wird heute weltweit in allen tropischen und subtropischen Regionen Asiens, Südamerikas, Afrikas und der Karibik angebaut. Früchte, Blätter und Samenkerne der Pflanze sind sowohl als Nahrungsmittel als auch als Heilmittel sehr geschätzt. Der Stockfisch, durch den Seehandel in allen Küstengebieten der Erde verbreitet, ist in unzählige Rezepte eingegangen. Die Portugiesen behaupten gar, für jeden Tag im Jahr ein anderes Stockfischrezept zu besitzen ...

4 PORTIONEN

- 350 g Stockfisch (in portugiesischen Lebensmittelläden)
- 300 g Bittergurken (Asialaden)
- Salz
- 2 mittlere Zwiebeln (160 g)
- 6 Knoblauchzehen (18 g)
- 10 g frische Ingwerknolle
- 300 g vollreife Tomaten
- 5 EL Öl
- 2–3 Stiele Thymian
- 4–6 kleine Chilis (nach Geschmack, z. B. Bird's eye)
- ¼ TL Safran

PRO PORTION
E 71 g • KH 6 g • F 15 g
457 kcal

ZUBEREITUNGSZEIT 30 Minuten
WÄSSERN DES STOCKFISCHES 2–3 Tage
GARZEIT etwa 30 Minuten

1 Den Stockfisch in eine große Schüssel geben, reichlich mit kaltem Wasser bedecken und 24 Stunden wässern (wenn der Fisch sehr trocken und hart ist, können auch 3 Tage notwendig sein), dabei das Wasser jeden Morgen und jeden Abend wechseln. Den Fisch dann abgießen und von Haut und Gräten befreien. Das Fischfleisch grob zerpflücken.

2 Die Bittergurken längs halbieren und die Kerne entfernen. Die Gurken in Scheiben schneiden, in eine mit Salzwasser gefüllte Schüssel geben und 15 Minuten wässern. Die Gurken abgießen, abspülen und den gleichen Vorgang noch zweimal wiederholen. Abtropfen lassen.

3 Die Zwiebeln schälen und fein hacken. Knoblauch schälen und durch die Presse drücken. Ingwer schälen und fein reiben. Die Tomaten überbrühen, häuten, entkernen und würfeln.

4 Das Öl in einem Schmortopf erhitzen und den Stockfisch darin anbräunen. Gehackte Zwiebeln und Thymian zugeben und ebenfalls anbräunen. Knoblauch, Salz, ganze Chilis und geriebenen Ingwer hinzufügen und kurz mitschmoren. Den Safran und die Tomaten unterrühren und 5 bis 8 Minuten köcheln lassen.

5 Die Bittergurken in den Topf geben und 5 Minuten mitgaren. 1 l Wasser angießen, zum Kochen bringen und noch 5 bis 8 Minuten zu Ende garen. Reis dazu reichen.

TIPP Stockfisch kann man problemlos in größeren Mengen kaufen, kühl und trocken gelagert hält er sich monatelang.

INDIEN

MULLIGA-TAWNY SOUP

Die Mulligatawny Soup ist englisch-indischen Ursprungs. Sie entstand zur Zeit des British Raj in Indien. Ein englischer Offizier verlangte von den indischen Köchen einen Suppengang in seinem Menü. Da die indische Küche keine Suppen kannte, musste eine erfunden werden. Ihr Name leitet sich von den tamilischen Wörtern „Mullaga" / „Milagu" und „Thanni" ab und bedeutet „Pfefferwasser".

V

4 PORTIONEN

- 1 große Möhre (100 g)
- 1 mittlere festkochende Kartoffel (100 g)
- 1 kleine Stange Staudensellerie (60 g)
- 1 mittlere Zwiebel (80 g)
- 3 Knoblauchzehen (9 g)
- 1 frische grüne Chilischote (z. B. Bird's eye)
- 1 Apfel (125 g)
- 4 Kardamomkapseln (grün)
- 250 g rote Linsen
- 1 EL Ghee (Butterschmalz) oder Öl
- ½ TL frisch geriebener Ingwer
- ¼ TL Zimt
- ¼ TL Nelken, gemahlen
- 1½ TL Koriander, gemahlen
- 1 TL Kreuzkümmel, gemahlen
- 1 TL Kurkuma, gemahlen
- 6 getrocknete Curryblätter
- 1250 ml Hühnerbrühe
- 400 g Hähnchenbrust
- 1 EL Tamarindenkonzentrat
- 375 ml Kokosmilch
- 1 EL Zitronensaft
- Salz
- 2 EL frischer Koriander, gehackt

PRO PORTION
E 42 g • KH 42 g • F 21 g
544 kcal

ZUBEREITUNGSZEIT 25 Minuten
GARZEIT 35 Minuten

1 Möhre und Kartoffel schälen, dann würfeln. Sellerie putzen und in Scheibchen schneiden. Zwiebel und Knoblauch schälen und hacken. Chilischote entkernen und hacken. Apfel schälen, entkernen und würfeln. Kardamomkapseln mit einer Messerklinge zerdrücken. Linsen unter fließendem Wasser abspülen.

2 Den Ghee in einem Schmortopf erhitzen. Zwiebel, Knoblauch, Ingwer, sämtliche Gewürze sowie die Curryblätter zugeben und 3 bis 4 Minuten unter Rühren schwitzen lassen, bis die Zwiebel leicht angebräunt ist und die Gewürze duften. Möhre, Sellerie, Kartoffel, Apfel und Linsen zugeben, umrühren und mit der Hühnerbrühe ablöschen. Die Hähnchenbrust hinzufügen, zum Kochen bringen und dann zugedeckt 30 Minuten sanft garen, bis das Gemüse weich ist. Die Hähnchenbrust aus der Suppe nehmen und in kleine Würfel schneiden.

3 Kardamomkapseln und Curryblätter aus dem Topf entfernen und die Suppe grob pürieren (ein paar Stückchen sollen verbleiben).

4 Tamarindenkonzentrat, Kokosmilch, Hähnchenfleisch und Zitronensaft in die Suppe geben, gut umrühren und erneut erhitzen, aber nicht mehr kochen lassen. Die Suppe mit Salz abschmecken, mit Koriander bestreuen und heiß servieren. Basmatireis dazu reichen.

VEGETARISCHE VARIANTE Das Hähnchenfleisch weglassen und die Hühnerbrühe durch Gemüsebrühe ersetzen.

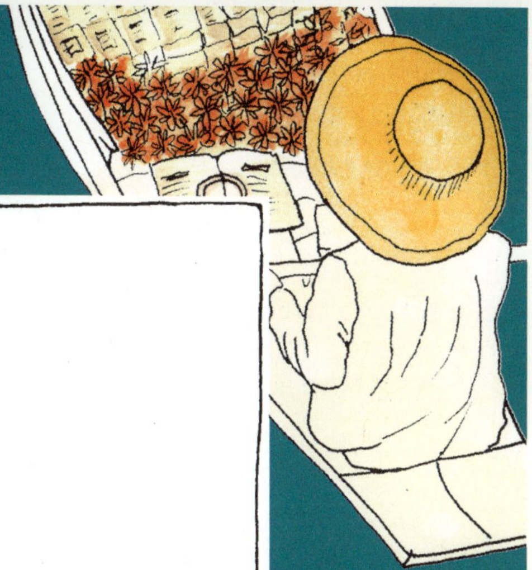

FERNOST & PAZIFIK

Suppen aus ost- und südostasiatischen Ländern beruhen auf den gleichen Prinzipien wie die Suppen überall auf der Welt: eine aromatische Brühe, oft mit Fisch, Garnelen oder Fleisch angereichert, lokales Gemüse, Kräuter, Gewürze … Den unverkennbaren Unterschied bringen die exotischen Würzmittel: Kaffirblätter, Zitronengras, Thai-Basilikum, Galanga (Thai-Inwger), Ingwer, Tamarinde, Limetten, Kokosmilch, Sojasauce, Sesamöl …

Vor allem die beliebten fermentierten Fischsaucen und -pasten, von denen es zahlreiche Varianten in den fernöstlichen Ländern gibt (Nuoc Mam, Nam Pla, Patis, Prahoc), verleihen den Suppen einen spezifischen Geschmack (Mohinga aus Burma, Seite 110, Somlor Khoko aus Kambodscha, Seite 108, Sinigang von den Philippinen, Seite 118, Khao Poun aus Laos, Seite 120, Tom Yam Kung aus Thailand, Seite 122). In Japan erfüllt das Miso, eine aus fermentierten Sojabohnen hergestellte Würzpaste, die gleiche Funktion.

Eine weitere Besonderheit der fernöstlichen Suppen ist der Tofu. Er wird entweder als Fleischersatz (Miso-Suppe, Seite 123) oder in Kombination mit tierischen Proteinen (Peking-Suppe, Seite 127, Kimchi-Suppe, Seite 112) verwendet. Der Fleischverzehr ist vielerorts eher gering, besonders an den Küsten. Hier kommen nicht nur Fisch und Schalentiere in den Suppenkessel, sondern auch Algen (Kombu, Wakamé), deren Protein- und Mineralstoffgehalt sehr hoch ist.

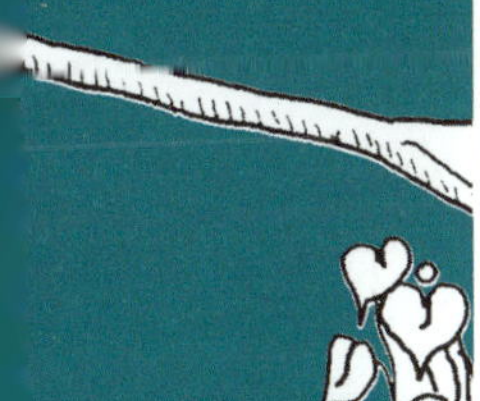

Generell lieben die Asiaten ausgeprägte Geschmacksnoten. So ist es nicht verwunderlich, dass Chilis, obwohl erst ab dem 17. Jahrhundert dort bekannt, sehr schnell einen wichtigen Platz in der asiatischen Küche eingenommen haben (Sup Kambing, Seite 116, Bakso-Soup, Seite 114).

1 KOMBU (SEETANG)
Die Alge ist die Basis des Dashi, der japanischen Brühe. Sie enthält Glutaminsäure, ein natürlicher Geschmacksverstärker.

2 ERBSENAUBERGINEN
Der Pokastrauch mit seinen erbsengroßen Früchten war ursprünglich in Amerika beheimatet. Sie haben sich in allen tropischen Regionen ausgebreitet und werden besonders in Südostasien geschätzt. Die kleinen, leicht bitteren Früchte finden dort Verwendung in Saucen und Currys.

3 WASSERSPINAT
Die Pflanze ist nicht mit unserem Spinat verwandt. Sie wächst in allen tropischen und subtropischen Gebieten der Erde, wird aber hauptsächlich in Südostasien angebaut. Die Blätter und Stiele schmecken neutral bis leicht süßlich.

4 SHIITAKE
Shiitake ist neben dem Champignon der meistangebaute Speisepilz. Er besitzt (wie alle Speisepilze) die Geschmacksqualität „umami" (= fleischig).

5 CHINESISCHER SCHNITTLAUCH
Auch Schnittknoblauch genannt, ist eine Kreuzung aus Schnittlauch und Knoblauch und schmeckt leicht knoblauchartig.

6 PAK CHOI
Die asiatische Kohlart darf nur kurz gegart werden, da sie sonst zerfällt. Wie alle Kohlarten ist Pak Choi reich an Mineralstoffen und Vitaminen.

7 THAI-AUBERGINEN
Auch Kantakari genannt, sind etwa golfballgroß, hellgrün am Stielansatz und weiß auslaufend. Der Geschmack ist etwas bitterer als bei herkömmlichen Auberginen.

8 GALANGA
Auch Thai-Ingwer oder Galgant genannt, wird seit Jahrhunderten in der Küche vieler Länder Südostasiens geschätzt. Das pikante, leicht bittere Rhizom der Pflanze wird frisch oder getrocknet verwendet, oft anstelle von Ingwer.

9 BIRD'S EYE-CHILIS
Besonders scharf sind die Kerne und vor allem die Trennwände. Achten Sie bei der Dosierung darauf, wie scharf Sie es mögen.

10 THAI-BASILIKUM
Das Gewürz ist ein sehr aromatisches Basilikum mit Estragon- und Anisnote. Er gehört in viele asiatische Suppen und Saucengerichte.

11 NUOC MAM
Für die Herstellung der vietnamesischen Fischsauce werden kleine Fische (v. a. Sardellen) abwechselnd mit Salz in Ton- oder Holzfässer geschichtet und 6 bis 12 Monate zum Fermentieren in der Sonne aufgestellt. Oft ersetzt die Fischsauce das Salz.

12 FISCHPASTE
Die Paste wird aus gesalzenen und fermentierten Fischen hergestellt. Am bekanntesten ist das kambodschanische Prahoc. Je älter und geruchsintensiver das Prahoc, desto teurer ist es.

13 KAFFIRBLÄTTER
Die Blätter der Kaffernlimette dienen sowohl als Würz- als auch als Heilpflanze. Sie besitzen ein frisch-herbes, sehr intensives Zitrusaroma.

KAMBODSCHA

SOMLOR KHOKO

Khmer-Fleischtopf

In ganz Südostasien gehören Kaffirblätter mit zu den beliebtesten Aromastoffen. Die Blätter der Kaffernlimette, ursprünglich auf den Sundainseln beheimatet, dienen sowohl als Würz- als auch als Heilpflanze. Die Blätter werden entweder in Suppen und Saucen ganz mitgekocht und hinterher entfernt, oder sehr fein geschnitten in Salaten verwendet. In dieser Suppe tauchen sie in gemixter Form auf.

4 PORTIONEN

- 50 g weißer Langkornreis (Thai-Reis)
- 100 g Erbsenauberginen
- 4 Thai-Auberginen
- 150 g Kürbis (Muskat-, Butternusskürbis, Hokkaido …)
- 1 kleine grüne Papaya
- 150 grüne Bohnen
- 500 g Schweinenacken ohne Knochen
- 4 cm Galanga
- 3 Stiele Zitronengras
- 2 Kaffirblätter (frisch oder TK-Ware)
- 3 TL Kurkuma, gemahlen
- 200 ml Kokosmilch
- 2 EL Prahoc (fermentierte kambodschanische Fischpaste) oder Nuoc Mam
- 500 ml Hühnerbrühe
- Salz
- 1 Bund Thai-Basilikum

PRO PORTION
E 29 g • KH 20 g • F 31 g
486 kcal

ZUBEREITUNGSZEIT 25 Minuten
GARZEIT 85 Minuten

1 Den Reis in einer kleinen Pfanne ohne Fettzugabe goldbraun rösten, dabei umrühren. Abkühlen lassen und dann im Mixer zu einem leicht grobkörnigen Pulver mahlen.

2 Die Erbsenauberginen abstreifen, waschen und in der Pfanne ohne Fettzugaben leicht anrösten.

3 Das restliche Gemüse säubern und waschen. Die Thai-Auberginen vierteln. Den Kürbis schälen, entkernen und in Würfel schneiden. Die Papaya schälen, entkernen und in dünne Scheiben schneiden. Die grünen Bohnen quer halbieren.

4 Das Schweinefleisch in kleine Würfel schneiden.

5 Den Galanga schälen und Zitronengras von den äußeren harten Blättern befreien. Beides grob zerkleinern und in einen Mixer geben. Die Kaffirblätter in Streifen schneiden und hinzufügen. Kurkuma hinzugeben und alles zusammen zu einer groben Paste mixen (eventuell 2 EL Wasser zugeben).

6 Die Kokosmilch in einen Schmortopf geben und erhitzen. Die Würzpaste hinzufügen und gut umrühren. Das Schweinefleisch zugeben und 3 Minuten garen. Prahoc (oder Nuoc Mam) und die Hühnerbrühe hinzufügen. 500 ml Wasser angießen, Thai-Auberginen, grüne Bohnen, Kürbis, Papaya und etwas Salz zugeben und 1 Stunde bei geschlossenem Topf sanft garen.

7 Die Erbsenauberginen zugeben und weitere 25 Minuten köcheln lassen. Thai-Basilikum waschen, trocknen und die Blätter abzupfen.

8 Am Ende der Garzeit das geröstete Reismehl sowie die Basilikumblätter unter die Suppe mischen, mit Salz abschmecken und heiß servieren. Reis dazu reichen.

BURMA

MOHINGA

Zwergwelssuppe mit Kichererbsenpfannkuchen

Traditionell wird dieses Rezept mit dem in Asien sehr beliebten Zwergwels (schwarzer Katzenwels) zubereitet. Sein festes Fleisch eignet sich hervorragend für dieses Gericht. Anstelle von Zwergwels kann ebenfalls Karpfen, Wels oder Forelle verwendet werden. In Burma werden die Herzen der Bananenstiele statt der Bananenblüten in der Mohinga mitgekocht. Sie sind allerdings bei uns schwer aufzutreiben.

PRO PORTION
E 42 g • KH 122 g • F 36 g
1010 kcal

4 PORTIONEN

FÜR DIE PFANNKUCHEN

- 4 EL Reismehl
- 5 EL Kichererbsenmehl
- 2 Prisen Backpulver
- 1 EL Salz
- 125 g geschälte Kichererbsen (Chana Dal), 8 Stunden gewässert
- Öl

FÜR DIE SUPPE

- 400 g Zwergwels (TK-Ware, Asialaden)
- 2 TL Kurkuma, gemahlen
- 4 Stiele Zitronengras
- 1 TL Chilipulver, mittelscharf
- 1 mittlere Zwiebel (80 g), geschält und gehackt
- 4 Knoblauchzehen (12 g), geschält und gehackt
- 3 EL Öl
- 2 cm frischer Ingwer, gerieben
- 300 g Bananenblüten, dünne Scheiben
- 3 EL Fischsauce (z. B. Nuoc Mam)
- 1 TL Fischpaste (Ngapi, Prahoc oder Garnelenpaste)
- 100 g Kichererbsenmehl
- 1 TL Pfeffer, Salz
- Saft von ½ Limette
- 300 g Reis-Fadennudeln
- 2 hart gekochte Eier, geschält, geviertelt
- 2 EL chinesischer Schnittlauch, gehackt
- 2 EL frisch gehackter Koriander

ZUBEREITUNGSZEIT 40 Minuten
QUELLZEIT FÜR DIE KICHERERBSEN 8 Stunden
GARZEIT 42 Minuten

1 In einer Schüssel Reismehl, Kichererbsenmehl, Backpulver und Salz vermischen. 200 ml Wasser langsam zugießen und glatt verrühren. Abgetropfte Kichererbsen untermischen.

2 In einer großen Pfanne etwa 100 ml Öl (der Pfannenboden soll mit ½ cm Öl bedeckt sein) auf 170 °C erhitzen. Aus dem Teig kleine Pfannkuchen, 3 bis 4 gleichzeitig, von etwa 10 cm Durchmesser beidseitig goldgelb backen. Auf Küchenpapier abtropfen und abkühlen lassen.

3 Den Zwergwels mit 1 TL Kurkuma und 2 flachgedrückten Zitronengrasstielen in einen mittelgroßen Topf geben. Etwa 1 l Wasser zugeben, sodass der Fisch knapp bedeckt ist, den Topf zudecken und 8 bis 10 Minuten bei mittlerer Hitze garen. Sobald das Fischfleisch sich von der Mittelgräte löst, den Fisch aus dem Topf nehmen und etwas abkühlen lassen. Den Fisch zerpflücken und dabei Haut und Gräten entfernen. Beiseitestellen. Den Fischsud filtrieren und aufbewahren.

4 Übrige Zitronengrasstiele von den äußeren harten Blättern befreien und fein hacken. Das Öl in einem Schmortopf erhitzen. Restliches Kurkuma, Ingwer, Chili, Zitronengras, Zwiebel, Knoblauch und das Fischfleisch hinzugeben und 2 Minuten anbraten.

5 Mit dem Fischsud und 500 ml Wasser ablöschen. Bananenblütenscheiben, Fischsauce, Fischpaste, Kichererbsenmehl und Pfeffer zugeben, erhitzen und 30 Minuten köcheln lassen. Die Suppe mit Chili, Salz und Limettensaft abschmecken.

6 Die Fadennudeln nach Packungsanweisung kochen und mit den Eivierteln auf 4 Suppenschusseln verteilen. Die heiße Suppe daraufgeben. Mit grob zerbrochenen Kichererbsenpfannkuchen, Schnittknoblauch und Koriander bestreuen und heiß servieren.

KOREA

MIYEOKGUK

Wakamé-Suppe

Diese populäre und nahrhafte Suppe wird in Korea traditionell den gerade entbundenen Müttern zur Stärkung gereicht (und über die Muttermilch an ihre Babys weitergegeben). Es ist Brauch in Korea, die Suppe zu jedem Kindergeburtstag wieder zu kochen und auf diese Weise die Mühe des Gebärens und des Kindererziehens in Erinnerung zu rufen.

4 PORTIONEN

- 20 g getrocknete Wakamé (Algen)
- 120 g Rumpsteak
- 1 kleine Knoblauchzehe (3 g)
- 1 EL Sesamöl
- 1 EL Sojasauce (Guk Ganjang)
- Salz, Pfeffer

PRO PORTION
E 8 g • KH 3 g • F 4 g
82 kcal

ZUBEREITUNGSZEIT 20 Minuten
QUELLZEIT FÜR DIE ALGEN 15 Minuten
GARZEIT 30 Minuten

1 Die Algen in eine Schüssel geben, mit 500 ml kaltem Wasser bedecken und 15 Minuten quellen lassen. Die Algen danach abgießen und das Einweichwasser auffangen. Die Algen mit der Hand ausdrücken und in Streifen schneiden.

2 Das Fleisch in kleine Würfel schneiden. Die Knoblauchzehe schälen und durch die Presse drücken.

3 Das Sesamöl in einem Topf erhitzen. Fleischwürfel, Algen und Knoblauch zugeben und 30 Sekunden anschwitzen.

4 Das Einweichwasser und 500 ml kaltes Wasser angießen, erhitzen und bedeckt 30 Minuten sanft garen. Die Sojasauce hinzufügen und mit Pfeffer und Salz abschmecken. Die Suppe auf 4 Schüsseln verteilen und heiß servieren. Reis und Kimchi (koreanisches fermentiertes Gemüse) dazu reichen.

INFO Wakamé ist eine sehr proteinreiche Braunalge (bis zu 21 % des Trockengewichtes). Sie enthält außerdem zahlreiche Vitamine (A, B1, B2, B12, C), Mineralstoffe (u. a. 10-mal mehr Kalzium als Milch und 4-mal mehr Eisen als Spinat) und viel Omega-3-Fettsäuren.

KOREA

KIMCHI-SUPPE

Ursprünglich aus der Notwendigkeit entstanden, Gemüse für die kalten Wintermonate haltbar zu machen (wie Sauerkraut bei uns), ist Kimchi zu einer regelrechten Institution in Korea geworden. Es besteht aus laktofermentiertem Gemüse, heute hauptsächlich Chinakohl, und diversen Geschmackszutaten wie Chili, Knoblauch, Ingwer, Rettich und Lauchzwiebeln, wobei jede Region ihr eigenes Rezept hat. In Korea gehört Kimchi zu jeder Mahlzeit dazu, ebenso wie Suppe und Reis.

4 PORTIONEN

- 400 g Schweinenacken ohne Knochen
- 400 g Kimchi (Chinakohl-Kimchi oder anderes)
- 250 g Tofu
- 2 Knoblauchzehen (6 g)
- 2 EL Sesamöl
- 1 TL koreanische Chilipaste
- 1 EL Sojasauce
- 1 TL Chiliflocken (optional)
- 4–5 Stiele chinesischer Schnittlauch (oder Frühlingszwiebeln)
- Salz, Zucker

ZUBEREITUNGSZEIT 15 Minuten
GARZEIT 35 Minuten

1 Das Schweinefleisch klein würfeln. Kimchi in Streifen und Tofu in Scheiben schneiden. Knoblauch schälen und durch die Presse drücken.

2 Das Sesamöl in einem Schmortopf erhitzen und das Schweinefleisch darin 5 Minuten von allen Seiten leicht anbraten. Die Chilipaste zugeben und gut umrühren. Zerkleinertes Kimchi zugeben, mit Wasser knapp bedecken und 2 Minuten köcheln lassen. Tofuscheiben, Sojasauce, Chiliflocken und Knoblauch in die Suppe geben und eventuell etwas Wasser hinzufügen, sodass alles gut bedeckt ist. Das Ganze erhitzen und dann bedeckt 30 Minuten sanft garen.

3 Inzwischen den Schnittlauch säubern und mit den grünen Stielen in feine Röllchen schneiden. Den Schnittknoblauch in die Suppe geben, mit Salz und Zucker abschmecken und heiß servieren. Reis dazu reichen.

PRO PORTION
E 30 g • KH 8 g • F 32 g
450 kcal

INDONESIEN

BAKSO-SOUP

Scharfe Knochenbrühe mit Fleischklößchen und Nudeln

Die Bakso-Soup, nach den in ihr enthaltenen Fleischklößchen benannt, ist in ganz Indonesien sehr beliebt. Man bekommt sie dort überall, zu jeder Tages- und Nachtzeit. Wichtig in dieser Suppe ist Sambal, eine indonesische Würzpaste auf Chilibasis. Sie wird traditionell zu Gemüse, Reis, Fisch, Garnelen und Fleisch gereicht. Vorsicht bei der Dosierung, die Paste kann sehr scharf sein!

4 PORTIONEN

FÜR DIE SUPPE

- 500 g Rinderknochen
- 2 cm Bio-Ingwer
- 3 Knoblauchzehen (9 g)
- 3 Kardamomkapseln, mit dem Messer zerdrückt
- 5 cm Zimtstange
- 3 Nelken
- ½ TL schwarze Pfefferkörner
- 400 g asiatische Eiernudeln
- 1 mittlere Möhre (80 g)
- 200 g Pak Choi
- 1 EL Sambal (nach Geschmack)
- 2 EL indonesische Sojasauce (süß)
- 3 EL frittierte Schalotten (Asialaden)
- 4 EL gehackter chinesischer Schnittlauch (oder Frühlingszwiebeln)

FÜR DIE FLEISCHKLÖSSCHEN

- 500 g Rinderhack
- 2 Eiswürfel
- 3 EL Tapioka (Maniokstärke)
- 2 Eiweiß
- 1 Knoblauchzehe, geschält und gehackt
- Salz, Pfeffer

PRO PORTION
E 44 g • KH 86 g • F 23 g
748 kcal

ZUBEREITUNGSZEIT 40 Minuten
GARZEIT 2 Stunden + 15 Minuten

1 Die Rinderknochen in einen großen Topf geben, mit Wasser bedecken und erhitzen. 10 bis 15 Minuten kochen lassen und dabei regelmäßig entschäumen, bis kein Schaum mehr aufsteigt.

2 Den Ingwer ungeschält in feine Scheiben schneiden. Die Knoblauchzehen schälen und hacken. Beides zusammen mit den zerdrückten Kardamomkapseln, Zimtstange, Nelken und Pfefferkörnern zu den Knochen geben. 2 Stunden bei sehr schwacher Hitze köcheln lassen.

3 Inzwischen die Fleischklößchen zubereiten: Rinderhack, Eiswürfel, Tapioka, Eiweiß, Knoblauch sowie etwas Salz und Pfeffer in einen Mixer geben und zu einer gleichmäßigen Masse mixen.

4 In einem mittelgroßen Topf 2 bis 3 l Wasser zum Kochen bringen.

5 Aus der Hackfleischmasse walnussgroße Klößchen formen (indonesische Technik: etwas Fleischmasse in der Faust zusammendrücken, ein kleine Kugel herauspressen und mit einem Löffel abnehmen) und auf einen Teller legen. Die Fleischklößchen ins siedende Wasser geben und garen, bis sie an die Oberfläche steigen. Die garen Klößchen mit einer Schaumkelle aus dem Topf holen und zur Seite stellen.

6 Eiernudeln nach Packungsanweisung garen, abgießen und kurz abschrecken. Die Knochenbrühe filtrieren und in einem Topf auffangen.

7 Die Möhre schälen und in dünne Scheiben schneiden. Den Pak Choi säubern, waschen und in Streifen schneiden. Das Gemüse zusammen mit dem Sambal in die Brühe geben, erhitzen und 5 Minuten garen. Die Fleischklößchen hinzugeben und noch 1 Minute ziehen lassen.

8 Die Eiernudeln, die Fleischklößchen und das Gemüse auf 4 Suppenschüsseln verteilen und mit heißer Brühe aufgießen. Etwas Sojasauce daraufgeben und mit frittierten Schalotten und Schnittlauch bestreuen.

MALAYSIA

SUP KAMBING

Scharf gewürzter Fleischeintopf mit Kokosmilch

In diese sehr aromatische Suppe gehören unbedingt auch scharfe Chilis. Von Christoph Kolumbus 1493 in Europa eingeführt, konnten die diversen Sorten der Paprika-Familie sich sehr schnell an alle Klimazonen anpassen. Dank Magellan wurden Chilis und Paprika bereits 50 Jahre später an den Küsten Afrikas, Indiens, Asiens und Chinas sowie im Mittleren Osten, im Balkan und in Italien angebaut. Heute sind Chilis aus der asiatischen Küche nicht mehr wegzudenken.

4 PORTIONEN

- 6 Schalotten (180 g)
- 5 Knoblauchzehen (15 g)
- 2 cm Galganga (oder Ingwer)
- 2 grüne Thai-Chilis (oder weniger)
- ½ TL Koriandersamen
- 3 EL Öl
- ½ TL Bockshornkleesamen
- ½ TL schwarze Senfkörner
- ½ TL Fenchelsamen
- ½ TL Currypulver
- ½ TL Kreuzkümmel, gemahlen
- ½ TL Kurkuma, gemahlen
- ½ TL schwarzer Pfeffer, gemahlen
- 800 g Ziegen- oder Hammelfleisch, in großen Würfeln
- 1 l Rinderbrühe
- 1 Sternanis
- 2 schwarze Kardamomkapseln
- 5 cm Zimtstange
- 200 ml Kokosmilch
- 10 Stiele Koriander
- 3 EL frittierte Schalotten (Asialaden)
- Salz

PRO PORTION
E 32 g • KH 8 g • F 32 g
450 kcal

ZUBEREITUNGSZEIT 25 Minuten
MARINIERZEIT FÜR DAS FLEISCH 2 Stunden
GARZEIT 2 Stunden + 30 Minuten

1 Schalotten und Knoblauch schälen und grob zerkleinern. Galganga (oder Ingwer) schälen und in Scheiben schneiden. Alles in einen Mixer geben und zusammen mit den Chilis und den Koriandersamen zu einer gleichmäßigen Paste mixen (oder im Mörser zerreiben).

2 Das Öl in einem Schmortopf erhitzen und Bockshornklee, Senfkörner und Fenchelsamen darin kurz anschwitzen, bis es duftet. Die Schalotten-Würzpaste, Curry, Kreuzkümmel, Kurkuma und Pfeffer hinzufügen und gut umrühren.

3 Das Gemisch in eine große Schale geben und abkühlen lassen.

4 Das Fleisch hinzufügen und in der Marinade wenden, sodass es von allen Seiten bedeckt ist. 2 Stunden kalt stellen.

5 Die Rinderbrühe in einem großen Topf erhitzen. Sternanis, Kardamom, Zimtstange, etwas Salz und die Fleischwürfel mit ihrer Marinade in die heiße Brühe geben, umrühren und bedeckt 2 Stunden sanft köcheln lassen.

6 Dann die Kokosmilch unterrühren und noch weitere 30 Minuten garen. Den Koriander waschen, trocknen und die Blätter fein schneiden.

7 Die Suppe abschmecken, auf 4 Suppenschüsseln verteilen und mit frittierten Schalotten und Koriander bestreuen. Reis dazu reichen.

PHILIPPINEN

SINIGANG

Scharfe Garnelen-Gemüse-Suppe

Von dieser philippinischen Suppe gibt es zahlreiche Varianten, sie kann sowohl mit Fisch oder Garnelen als auch mit Fleisch (Hähnchen, Rind oder Schwein) zubereitet werden. Das Gemüse wechselt von Rezept zu Rezept, jeder tut hinein, was ihm am besten schmeckt. Die Tamarindenpaste verleiht der Suppe ihre typische säuerliche Note.

4 PORTIONEN

- 1 mittlere Zwiebel (80 g)
- 2 Knoblauchzehen (6 g)
- 2 cm Ingwer
- 1 mittlere vollreife Tomate (80 g)
- 300 g ungeschälte Garnelen
- 200 g Daikon-Rettich
- 1 mittelgroße Aubergine (250 g)
- 3–4 asiatische Meterbohnen (oder 200 g grüne Bohnen)
- 100 g Okraschoten
- 200 g Wasserspinat ohne Stiele (oder Spinat)
- 2 grüne Thai-Chilis
- 1–2 TL Tamarindenpaste
- 2 EL Patis (philippinische Fischsauce) oder Nuoc Mam
- Salz, Pfeffer

ZUBEREITUNGSZEIT 25 Minuten
GARZEIT 20 Minuten

1 Die Zwiebel schälen und in feine Scheiben schneiden. Die Knoblauchzehen schälen und fein hacken. Den Ingwer schälen und reiben. Die Tomate säubern und vierteln. Alles zusammen in einen Topf geben, mit 1 l Wasser bedecken und erhitzen.

2 Zugedeckt 5 Minuten köcheln lassen. Die Garnelen hinzufügen und 4 Minuten sanft garen.

3 Den Rettich schälen und in dünne Scheiben schneiden. Die Aubergine säubern und würfeln. Die Bohnen säubern und in 3 cm lange Stücke schneiden. Okraschoten säubern, von Stielansatz und Spitze befreien und waschen. Wasserspinat säubern und waschen.

4 Rettich, Aubergine, Bohnen, Okraschoten, Wasserspinat und Chilis in die Suppe geben und weitere 3 Minuten garen.

5 Die Tamarindenpaste mit 2 EL Wasser glatt rühren und zusammen mit dem Patis (oder Nuoc Mam) in die Suppe geben. Mit Pfeffer und Salz abschmecken und noch 8 Minuten köcheln lassen.

6 Reis dazu reichen.

PRO PORTION
E 16 g · KH 9 g · F 2 g
130 kcal

LAOS

KHAO POUN

Würziger Fleischeintopf mit rohem Gemüse und frischen Kräutern

Zu den charakteristischen Würzmitteln der ost- und südostasiatischen Küche gehören die Fischsaucen: Nuoc Mam in Vietnam, Nam Pla in Thailand oder Patis auf den Philippinen sind nur einige Beispiele. Oft stellen die Fischsaucen die einzige tierische Eiweißquelle für die ärmere Bevölkerung dar.

4 PORTIONEN

- 1 mittlere Zwiebel (80 g)
- 1 Stiel Zitronengras
- 2 cm Bio-Galanga
- 2 EL Öl
- 200 g Schweinehackfleisch
- 2 EL Nuoc Mam
- 1 EL rote Currypaste
- 400 ml Kokosmilch
- 5 Kaffirblätter (frisch oder TK-Ware)
- 200 g Reisfadennudeln
- Saft von 1 Zitrone
- 1 Bananenblüte
- 5 Salatblätter (z. B. Römersalat)
- 3 Stiele Koriander
- 3 Stiele Minze
- 3 Stiele Thai-Basilikum
- 1 mittlere Möhre (80 g)
- 200 g Sojasprossen

PRO PORTION
E 18 g • KH 50 g • F 37 g
622 kcal

ZUBEREITUNGSZEIT 20 Minuten
GARZEIT 35 Minuten

1 Die Zwiebel schälen und fein hacken. Das Zitronengras schälen und längs halbieren. Die Galangawurzel in 4 Scheiben schneiden.

2 Das Öl in einem Schmortopf erhitzen und die gehackte Zwiebel darin 3 Minuten anschwitzen. Schweinehack, Nuoc Mam, Currypaste und Kokosmilch hinzufügen und gut umrühren. Zitronengras, Kaffirblätter und Galanga zugeben und 2 Minuten kochen lassen. Dann 1 l Wasser angießen, erhitzen und 30 Minuten sanft köcheln lassen.

3 Inzwischen die Fadennudeln nach Packungsanweisung kochen, abschrecken und abtropfen lassen. Beiseitestellen.

4 Eine kleine Schüssel mit kaltem Wasser füllen und den Zitronensaft hinzufügen. Die Bananenblüte von den äußeren zähen Blattschichten befreien. Den inneren hellgelben Teil in dünne Scheiben schneiden und in das Zitronenwasser geben (um das Oxidieren zu verhindern).

5 Salatblätter, Koriander, Minze und Thai-Basilikum waschen, trocken schütteln und in feine Streifen schneiden. Die Möhre schälen und grob reiben. Sojasprossen säubern und waschen.

6 Reisnudeln, Sojasprossen, Möhre, Salat und Kräuter auf 4 Suppenschüsseln verteilen. Die Suppe mit Nuoc Mam abschmecken und heiß daraufgeben.

TIPP Zitronengras und Galanga dienen nur zum Würzen, sie werden nicht mitgegessen. Eventuell vor dem Servieren aus der Suppe fischen.

VEGETARISCHE VARIANTE Das Schweinefleisch durch klein gewürfeltes Tofu ersetzen.

THAILAND

TOM YAM KUNG

Krebssuppe

Diese scharfe, sehr aromenreiche Krebssuppe kommt ursprünglich aus Thailand und Laos, wird heute aber in vielen Ländern Südostasiens zubereitet. Das Zusammenspiel von Zitronengras, Kaffirblättern, Limette, Galanga und Tamarindenpaste gibt der Suppe ihre besondere süß-saure Würze.

4 PORTIONEN

- 1 Schalotte (30 g)
- 2 Stiele Zitronengras
- 1 kleines Stück Bio-Galanga
- 1–2 rote Thai-Chilis
- 12 mittelgroße Garnelen/Gambas mit Kopf und Schale
- 5 Kaffirblätter (frisch oder TK-Ware)
- 1 mittlere vollreife Tomate (80 g)
- 500 ml Hühnerbrühe
- 1 TL frisch geriebener Ingwer
- 3 EL Fischsauce (Nam Pla oder Nuoc Mam)
- 1 TL thailändische Chili-Knoblauchpaste
- 1 EL Tamarindenpaste (in 1 EL Wasser aufgelöst)
- 6 asiatische Strohpilze aus der Dose (oder Champignons)
- 1 Bund Koriander
- 1 Limette

PRO PORTION
E 14 g · KH 4 g · F 2 g
92 kcal

ZUBEREITUNGSZEIT 20 Minuten
GARZEIT 10 Minuten

1 Die Schalotte schälen und hacken. Die äußerste Blätterschicht vom Zitronengras entfernen und die Stiele in 4 cm lange Stücke schneiden. Die Galangawurzel abspülen und in dünne Scheiben schneiden. Tomate waschen und vierteln. Chilischote waschen, halbieren und entkernen.

2 Die Garnelen vorsichtig von Schale und Kopf befreien und beides in einen Topf geben. Schalotte, Zitronengras, Galanga, Kaffirblätter, Tomate und Chilischoten hinzugeben.

3 Das Ganze mit der Hühnerbrühe und 750 ml Wasser aufgießen, zum Kochen bringen und 5 Minuten köcheln lassen. Dann Ingwer, Fischsauce, Chili-Knoblauchpaste, Tamarindenpaste und Pilze hinzufügen und weitere 2 Minuten kochen lassen.

4 Die Garnelenschalen und -köpfe mit einer Schaumkelle entfernen.

5 Den Koriander waschen, trocken schütteln und mit der Küchenschere fein schneiden.

6 Die Garnelen in die Suppe geben, einmal aufkochen lassen und dann vom Herd ziehen. Zudecken und 2 Minuten ziehen lassen. Die Limette vierteln.

7 Den Tom Yam Kung in 4 große Suppenschalen geben, mit Koriander bestreuen und mit Limettensaft beträufeln. Reis dazu reichen.

INFO Die harten Zutaten – Zitronengras, Galanga, Kaffirlimettenblätter – werden mitserviert, aber nicht mitgegessen.

JAPAN

MISO-SUPPE MIT TOFU

Miso ist eine japanische Würzpaste, die aus fermentierten Sojabohnen hergestellt wird. Sie ist ebenso geschmacksintensiv wie salzhaltig und kann daher Salz, Senf oder auch Fleischextrakt ersetzen. Miso gibt es in verschiedenen Varianten und Farben, je nachdem ob und welche Getreidesorte (Reis oder Gerste) zusammen mit den Sojabohnen fermentiert wird und wie lange. Dunkles Miso ist länger fermentiert und hat einen stärkeren Geschmack als helles. Nicht pasteurisiertes Miso sollte nicht gekocht werden, um seine wertvollen Nährstoffe nicht zu zerstören.

4 PORTIONEN

FÜR DIE DASHI (BRÜHE/FISCHSUD)

- 20 g Kombu-Alge
- 20 g Bonitoflocken (Katsuobushi)

FÜR DIE SUPPE

- 15 g getrocknete Wakamé-Alge
- 1 l Dashi
- 150 g Seidentofu
- grüne Stiele von 5 Lauchzwiebeln, gehackt
- 1–2 EL Miso (dunkel oder hell, nach Wahl)
- Salz

PRO PORTION
E 4 g • KH 6 g • F 2 g
62 kcal

ZUBEREITUNGSZEIT 10 Minuten
GARZEIT etwa 50 Minuten

1 Die Kombu-Alge in eine Schüssel geben, mit 500 ml kaltem Wasser bedecken und über Nacht quellen lassen.

2 Am nächsten Tag das Wasser mit der Alge etwa 10 Minuten auf kleinster Flamme erhitzen (dabei 60 °C nicht überschreiten, das ist wichtig für eine ideale Geschmacksextraktion der Kombu-Alge), dann 100 ml kaltes Wasser zugeben, um die Temperatur zu senken, und weitere 10 Minuten sehr sanft erhitzen. Den Vorgang noch einmal wiederholen, sodass die Dashi insgesamt 30 Minuten erhitzt wird. Vom Herd ziehen und die Alge, die ihr Aroma an den Sud abgegeben hat, aus dem Topf entfernen.

3 Bonitoflocken in den Algensud geben und 15 Minuten ziehen lassen. Die Brühe danach filtrieren und zur Seite stellen.

4 Die Wakamé-Alge unter kaltem Wasser abspülen, in eine Schüssel geben und mit reichlich lauwarmem Wasser bedecken. Etwa 5 Minuten quellen lassen, bis sich ihr Volumen verdreifacht hat. Die Alge dann gut ausdrücken und in 4 Stücke schneiden.

5 Dashi und Wakamé in einen Topf geben, erhitzen und 15 Minuten köcheln lassen. Den Tofu in kleine Würfel schneiden, in die Suppe geben und 5 Minuten bei sehr schwacher Hitze ziehen lassen.

6 Das Miso in einem Schälchen mit einer ½ Kelle Dashi glatt rühren.

7 Den Topf vom Herd ziehen und das aufgelöste Miso unterrühren. Die Misosuppe abschmecken, falls nötig etwas Salz zugeben und auf 4 Suppenschüsseln verteilen. Zwiebelgrün darüberstreuen und heiß servieren. Reis dazu reichen.

JAPAN

SHOYU RAMEN

Nudelsuppe

Unter Ramen versteht man sowohl eine spezielle Weizenmehlnudelart, als auch die damit zubereiteten Suppen. Ramen, Anfang des 20. Jahrhunderts aus China eingeführt, gehören heute zu den japanischen Klassikern. Sie erlangten ihre Popularität Ende des Zweiten Weltkriegs, als Straßenhändler und Schnellimbisse in den japanischen Städten für wenig Geld nahrhafte Ramen-Suppen anboten. Es gibt ebenso viele Ramen-Rezepte wie Regionen in Japan. In der Stadt Yokohama steht sogar ein Ramen-Museum.

4 PORTIONEN

FÜR DIE HÜHNERBRÜHE

- 1 Hähnchenrumpf mit den Flügeln (roh)
- 5 cm Ingwer, geschält und in Scheiben
- 3 Knoblauchzehen (9 g), geschält und gepresst
- 1 mittlere Zwiebel (80 g), geschält
- 1 mittlere Möhre (80 g), geschält
- grüner Teil von 3 Lauchstangen, gesäubert und gewaschen

FÜR DIE SUPPE

- 400 g Brustspitze vom Schwein, entbeint und entfettet
- 1 EL Öl
- 500 ml Sojasauce
- 200 ml Mirin (japanischer Reiswein)
- 100 ml Sake (japanischer Reiswein)
- grüne Stiele von 4 Lauchzwiebeln, grob geschnitten
- 2 cm Ingwer, geschält und in Scheiben
- 2 Knoblauchzehen (6 g), geschält und grob gehackt
- 1 Stück getrocknete Kombu-Alge
- 2 Eier
- 300 g Ramen
- 1 Nori-Blatt (Alge)

PRO PORTION
E 33g • KH 58g • F 26g
632 kcal

ZUBEREITUNGSZEIT 40 Minuten
GARZEIT 2 Stunden
MARINADE FÜR FLEISCH UND EIER 30 Minuten

1 Den Hähnchenrumpf und die Flügel in einen großen Topf geben. Ingwer, Knoblauch, Zwiebel, Möhre und Lauchgrün hinzufügen, mit 1,5 bis 2 l Wasser gut bedecken und erhitzen. 90 Minuten köcheln lassen.

2 Die Schweinerippe einrollen, mit Küchenzwirn zusammenbinden und in zwei Stücke schneiden. Das Öl in einer Pfanne erhitzen und die Fleischrollen darin von allen Seiten anbraten. Das Fleisch dann in die Brühe geben und 30 Minuten weitergaren.

3 Inzwischen Sojasauce, Mirin, Sake, die Hälfte des Lauchzwiebelgrüns, Ingwerscheiben, Knoblauch und die in 2 Stücke gebrochene Kombu-Alge in einen Topf geben. Das Ganze zum Kochen bringen und dann vom Herd ziehen.

4 Die Eier 6 Minuten in kochendem Wasser garen, abschrecken und pellen. Das Schweinefleisch mit einer Schaumkelle aus der Brühe nehmen und zusammen mit den Eiern in die Sojasaucenmarinade geben. 30 Minuten ziehen lassen. Fleisch und Eier regelmäßig umwenden, damit alles gut durchzieht.

5 Die Fleischbrühe filtrieren, zurück in den gesäuberten Topf gießen und erneut erhitzen.

6 Die Fleischrollen vom Küchenzwirn befreien und in dünne Scheiben schneiden. Die Ramen-Nudeln nach Packungsanweisung garen und abgießen. Das restliche Lauchzwiebelgrün fein hacken.

7 In 4 Suppenschüsseln jeweils 3 EL Marinade geben und dann zu dreiviertel mit siedender Brühe aufgießen. In jede Schüssel etwas Nudeln, einige Schweinebrustscheiben, etwas zerbröselte Nori und ein halbes Ei geben und mit Lauchzwiebel bestreut servieren.

VIETNAM

PHÔ

Fleischeintopf

Der Phô ist ein vietnamesisches Nationalgericht, das man dort überall auf der Straße essen kann. Ursprünglich eine Morgenmahlzeit, wird der Phô heute den ganzen Tag – und die ganze Nacht – angeboten. Einige behaupten, das Fleisch sei erst mit den Franzosen in der Suppe aufgetaucht (eine Adaptation des französischen „Pot-au-feu"), andere sagen, dieses Rezept hätte es schon immer gegeben.

4 PORTIONEN

FÜR DIE BRÜHE

- 1 kg Rinderknochen (2 Markknochen)
- 1 EL Koriandersamen
- 6 Nelken, 4 Sternanis
- ½ TL schwarze Pfefferkörner
- 2 Kardamomkapseln, zerdrückt
- 1 Stück Zimtstange
- 2 mittlere Zwiebeln (160 g), halbiert
- 6 cm Bio-Ingwer, halbiert
- 3 EL Nuoc Mam
- 400 g Flache Rippe (Rind)

FÜR DIE SUPPE

- 400 g Rumpsteak
- 200 g Sojasprossen, gewaschen
- ½ Bund Thai-Basilikum, gewaschen und gehackt
- 10 Stiele langer Koriander, gewaschen und gehackt
- 4 Stiele chinesischer Schnittlauch, gewaschen und gehackt
- 1 Bio-Limette, geviertelt
- 1–2 mittelscharfe Thai-Chilis in Ringe geschnitten
- 400 g Reisnudeln Banh Pho
- Hoisin-Sauce

PRO PORTION
E 35 g • KH 87 g • F 7 g
560 kcal

ZUBEREITUNGSZEIT 40 Minuten
GARZEIT 5 Stunden (Brühe am Vortag zubereiten)

1 Die Rinderknochen und Flache Rippe 15 Minuten in kochendem Wasser blanchieren. Das Wasser danach abgießen, Fleisch und Knochen abspülen und in einen sauberen Topf geben. Mit 3 l frischem Wasser bedecken und erhitzen.

2 Eine kleine Pfanne erhitzen und Koriander, Nelken, Sternanis, schwarzen Pfeffer, Kardamom und Zimtstange darin ohne Fettzugabe anrösten, bis es duftet. In ein Schälchen geben. Zwiebel und Ingwer in der gleichen Pfanne, Schnittseite nach unten, kurz anbräunen.

3 Angeröstete Gewürze, Zwiebeln, Ingwer und Nuoc Mam in die Knochenbrühe geben und bedeckt 5 Stunden köcheln lassen. Zwischendurch regelmäßig abschäumen.

4 Ein feinmaschiges Sieb über eine große Schüssel hängen, die fertige Brühe filtrieren und abkühlen lassen. Das Rippenfleisch entbeinen und entfetten. Beides kalt stellen.

5 Am nächsten Tag die Fettschicht von der Brühe entfernen. Die Brühe in einen großen Topf gießen und erhitzen. Mit Nuoc Mam (Salzersatz) abschmecken.

6 Das Rippenfleisch in dünne Scheiben schneiden. Das Rumpsteak zum Erstarren 10 Minuten gefrieren. Sojasprossen, frische Kräuter, Limettenviertel und Chiliringe auf einer großen Platte anrichten. Das Rumpsteak in sehr dünne Scheiben schneiden.

7 In 4 Suppenschüsseln jeweils 1 EL Hoisin-Sauce und 3 EL Brühe verrühren. Die Reisnudeln nach Packungsanweisung garen, abgießen und auf die Schüsseln verteilen. Sojasprossen, Rippenfleisch- und Rumpsteakscheiben darauf geben und mit kochender Brühe aufgießen. Mit gehackten Kräutern bestreuen. Limettenviertel, Chiliringe und ein Schälchen Hoisin-Sauce (Dip für das Fleisch) dazu reichen.

CHINA

PEKING-SUPPE

Die ohrmuschelähnliche Chinesische Morchel (Auricularia auricula-judae) wird auch Judasohr oder Holunderpilz genannt, denn an Holunderbäumen wächst sie besonders gern und der Legende nach soll Judas sich nach der Verurteilung Jesu an einem Holunderbaum aufgehängt haben. Der mineralstoffreiche Pilz ist auf der ganzen Welt verbreitet, findet aber hauptsächlich in der asiatischen und insbesondere der chinesischen Küche Verwendung.

V

4 PORTIONEN

- 15 g getrocknete chinesische Morcheln (Judasohren)
- 25 g getrocknete Shiitake
- 2 cm Ingwer
- 50 g gares Hähnchenfleisch (vom Vortag)
- 20 g Zhai cai (fermentierter Senfkohl)
- 150 g Natur-Tofu
- 1 EL neutrales Öl (Sonnenblumen- oder Rapsöl)
- 1 TL Chilipaste (oder Chiliflocken)
- 50 g Bambussprossen
- 500 ml Hühnerbrühe
- 1 EL Sojasauce
- 1 EL chinesischer Reisessig
- 3 TL Kartoffelmehl
- 1 verquirltes Ei
- 1 TL Sesamöl
- 2 Stiele chinesischer Schnittlauch, gehackt

PRO PORTION
E 13 g • KH 11 g • F 8 g
172 kcal

ZUBEREITUNGSZEIT 15 Minuten
GARZEIT 18 Minuten

1 Die getrockneten Pilze getrennt in zwei Schälchen geben, jeweils mit 250 ml warmem Wasser bedecken und 20 Minuten quellen lassen. Die Pilze dann abgießen – das Quellwasser auffangen – und grob zerkleinern.

2 Den Ingwer schälen und reiben. Die Hähnchenbrust und den Zhai cai in dünne Streifen schneiden. Den Tofu in längliche Stäbchen schneiden.

3 Das neutrale Öl in einem Schmortopf erhitzen, den geriebenen Ingwer und die Chilipaste zugeben und 30 Sekunden anschwitzen. Pilze, Bambussprossen, Zhai cai und Hähnchen hinzufügen und 1 Minute schwitzen lassen, dabei umrühren.

4 Die Hühnerbrühe und das aufgefangene Quellwasser angießen, erhitzen und dann bedeckt 15 Minuten köcheln lassen. Die Suppe mit Sojasauce und Reisessig abschmecken und den Tofu hinzugeben.

5 Das Kartoffelmehl in einem Schälchen mit 3 EL Brühe verquirlen, in die siedende Suppe rühren und leicht andicken lassen. Das verquirlte Ei und das Sesamöl einrühren und vom Herd ziehen.

6 Die heiße Suppe auf 4 Suppenschalen verteilen und mit Schnittlauch bestreuen.

INFO Der fermentierte Zha cai, auch breitblättriger Senf oder grüner Senfkohl genannt, eine Spezialität aus Sichuan, wird in China zum Würzen von Suppen, Schmorgerichten oder Reis verwendet.

VEGETARISCHE VARIANTE Das Hähnchenfleisch weglassen und 200 g Tofu rechnen. Die Hühnerbrühe durch Gemüsebrühe ersetzen.

CHINA

HUN-TUN-SUPPE

Ravioli-Suppe

„Hun tun" sind gefüllte Teigtaschen aus Weizennudelteig bzw. Ravioli. Man nennt sie auch „Wan tan", abgeleitet von dem kantonesischen Wort „Won ton". Eine beliebte Zutat in den Hun Tun, wie überhaupt in der asiatischen Küche, ist die Wasserkastanie, sie verleiht den Gerichten Biss.

4 PORTIONEN

FÜR DIE BRÜHE

- 1 l Hühnerbrühe
- 3 Stiele chin. Schnittlauch, gehackt
- 3 TL Sojasauce
- 1 TL Sesamöl

FÜR DIE RAVIOLI (ETWA 24 STÜCK)

- 200 g Schweinenacken, vom Knochen gelöst
- 1 Knoblauchzehe (3 g)
- 2 cm Ingwer
- 2 Stiele chinesischer Schnittlauch
- 150 g rohe geschälte Garnelen
- 6 Wasserkastanien
- 1 kleines Ei, verquirlt
- 1 EL Sojasauce
- 1 TL chinesischen Reiswein
- 1 Prise Zucker
- 1 TL Sesamöl
- 1 TL Salz
- 1 TL Pfeffer
- 1 Packung Won-ton-Teigblätter

PRO PORTION

E 24 g • KH 56 g • F 11 g

430 kcal

ZUBEREITUNGSZEIT 40 Minuten

GARZEIT 60 Minuten

1 Die Brühe erhitzen. Schnittlauch und Sojasauce hinzufügen und 5 Minuten köcheln lassen. Sesamöl unterrühren und vom Herd ziehen.

2 Das Schweinefleisch in kleine Würfel schneiden. Knoblauch schälen und durch die Presse drücken. Ingwer schälen und in Scheiben schneiden. Schnittlauch säubern und grob hacken. Alles in einen Mixer geben und zu einer homogenen Masse mixen. In eine Schüssel geben.

3 Die Garnelen und die Wasserkastanien in kleine Stücke schneiden. Beides mit dem verquirlten Ei, Sojasauce, Reiswein, Zucker, Sesamöl sowie Salz und Pfeffer zu der Fleischmasse geben und gut vermischen.

4 Die Teigquadrate auf der trockenen Arbeitsfläche ausbreiten und jeweils 1 TL Füllung in die Mitte geben. Den Rand der Teigblätter mit kaltem Wasser bestreichen, diagonal zusammenfalten und die Ränder fest zusammendrücken. Dann die beiden gegenüberliegenden Ecken des Dreiecks zusammenführen und ebenfalls fest andrücken.

5 Die Brühe zum Kochen bringen. Die Ravioli vorsichtig in die siedende Brühe geben und sanft garen, bis sie an die Oberfläche steigen. Danach noch weitere 2 Minuten ziehen lassen.

6 Ravioli mit einer Schaumkelle aus der Brühe holen und auf 4 Schüsseln verteilen. Mit Brühe aufgießen. Sojasauce und Reis dazu reichen.

VEGETARISCHE VARIANTE Die Hühnerbrühe durch Gemüsebrühe und das Schweinefleisch durch Tofu ersetzen. Statt der Garnelen 20 g getrocknete Chinesische Morcheln (20 Minuten in lauwarmem Wasser eingeweicht und danach gut abgetropft) in kleine Stücke schneiden. Die Morcheln in 1 TL Sesamöl leicht anschwitzen, mit 4 EL Wasser ablöschen und dann bedeckt 10 Minuten bei kleinster Hitze garen. Am Ende den Deckel abnehmen und die Kochflüssigkeit verdampfen lassen.

USA & KANADA

Nordamerikanische Suppen sind geprägt von den kulinarischen Traditionen der verschiedenen Einwanderer-Gruppen, vor allem aus Europa. Viele Immigranten waren bitterarm. Die Suppen sollten deshalb vor allem günstig sein und satt machen (Clam Chowder, Seite 136, Leek and Potato Soup, Seite 138). Besonders in New York findet man auch zahlreiche jüdische Spezialitäten (Perlgraupensuppe mit Pilzen, Seite 140, Kreplekh, Seite 142).

Lokale amerikanische Produkte wie Mais wurden von den Einwanderern umgehend in den Suppenkessel aufgenommen und führten zur Entstehung neuer Rezepte (Cornchowder, Seite 143). Die Besiedelung Nordamerikas erfolgte von Ost nach West, aber auch von Süden nach Norden. Chilis gelangten so über Mexiko nach Texas, wo Ende des 19. Jahrhunderts das berühmte Chili con Carne entstand.

Das bekannteste Beispiel der kulinarischen Verschmelzung verschiedenster Traditionen ist aber sicherlich der Gumbo (Seite 134). In diesem äußerst aromatischen Eintopf aus Louisiana haben sich Mehlschwitze (deutsche/ europäische Tradition), Muscheln und Schalentiere (wie Franzosen, Engländer, Spanier, Portugiesen, aber auch Indianer sie lieben), Okraschoten (von afrikanischen Sklaven mitgebracht), geräucherter Schinken und Würste (europäischer Machart) sowie diverseste Würzmittel und -saucen (Cayennepfeffer, Piment, Oregano, Filépulver (gemahlene Sassafrasblätter), Tabasco, Worcestersauce zusammengefunden.

1 GARTENKÜRBIS
Reife Kürbisse erkennt man daran, dass sie leicht hohl klingen und einen verholzten Stiel haben. Je kleiner der Kürbis, desto fester ist das Fruchtfleisch und er hat besonders viel Geschmack.

2 STAUDENSELLERIE
Auch Bleich- oder Stangensellerie genannt. Seine ätherischen Öle verleihen ihm sein charakteristisches Aroma. Er ist besonders kalorienarm und als Rohkost für Dips und in Salaten beliebt.

3 MAIS
Die USA sind das größte Anbaugebiet für den aus Südamerika stammenden Zuckermais. In Zentralmexiko wurde der wilde Ur-Mais, Teosinte genannt, schon um 5000 vor Chr. kultiviert. Die indianischen Bauern haben die Urpflanze über die Jahrtausende weiterentwickelt und eine Vielfalt von mehr als 200 Maissorten in allen Farben entstehen lassen.

4 MILCHPRODUKTE
Milchprodukte (Milch, Rahm, Butter) zählen traditionell zu den gängigen Zutaten in diversen amerikanischen Suppen.

5 TEPPICHMUSCHELN
Diese Muschelart war früher an der europäischen wie auch der nordamerikanischen Atlantikküste stark verbreitet und gehörte deshalb zu den billigen Nahrungsmitteln (heute ist sie seltener und teurer, vielfach wird sie gezüchtet). Teppichmuscheln sind eine Delikatesse, sie haben festes Fleisch und schmecken leicht nussig.

6 ROTE GARTENBOHNE
Über Mexiko in die USA gelangt, ist die rote Gartenbohne (Red Kidney) besonders in Texas und Neu-Mexiko sehr beliebt. Sie gehört u. a. in das legendäre Chili con Carne, wie auch in viele andere Gerichte der sogenannten Tex-Mex-Küche.

7 GERSTE
Von den europäischen Einwanderern in Nordamerika und in Kanada verbreitet, dient die Gerste vor allem als Suppeneinlage. Sie ist nahrhaft und verleiht den Suppen eine sämige Konsistenz.

8 ZWIEBELN
Ursprünglich wahrscheinlich in Zentralasien beheimatet, wird sie schon seit über 5 000 Jahren als Heil-, Würz- und Gemüsepflanze kultiviert. Im 15. Jahrhundert verbreitet Christoph Kolumbus die Zwiebel über die Karibik in Nordamerika.

9 LAUCH
Lauch ist besonders kalorienarm. Er ist reich an Vitaminen und Ballaststoffen, aber sein wahrer Wert liegt in seinen schwefelhaltigen ätherischen Ölen, die sind gesund und bringen besonders viel Geschmack in Suppen.

10 KARTOFFELN
Die Kartoffel nahm von Südamerika den Umweg über Europa, von wo aus sie von Einwanderern nach Nordamerika gebracht wurde. Für Suppen eignen sich besonders mehligkochende Kartoffeln, da der höhere Stärkeanteil zu einer cremigen Konsistenz beiträgt.

USA

GUMBO MIT MEERES-FRÜCHTEN

New Orleans

Der Ursprung des Gumbo, heute louisianisches Nationalgericht, reicht ins 18. Jahrhundert zurück. Sowohl französische als auch spanische, deutsche, westafrikanische und indianische (Choctaw) Einflüsse haben bei der Entstehung dieses aromatischen Eintopfs mitgewirkt. Gumbo, nach dem angolanischen Wort für Okraschoten benannt, ist eine gebundene, stundenlang geköchelte Suppe, die je nach Rezept mit Fleisch, pikanten Würsten, geräuchertem Schinken und/oder mit Meeresfrüchten zubereitet wird.

4 PORTIONEN

FÜR DEN SUD

- Garnelenschalen und -köpfe (siehe Suppe)
- 1 Stange Staudensellerie (80 g)
- 1 mittlere Möhre (80 g)
- 1 Zwiebel, geschält mit 1 Nelke gespickt
- 1 Lorbeerblatt
- 2 Stiele Thymian
- Petersilienstiele, grob gehackt (siehe Suppe)
- Salz, Pfeffer

FÜR DIE SUPPE

- 600 g rohe ungeschälte Garnelen (mit Köpfen)
- 300 g Okraschoten
- 1 EL Öl
- 1 mittelgroße Zwiebel (80 g)
- 1 Stange Staudensellerie (80 g)
- 1 kleine grüne Paprika (125 g)
- 1 Dose geschälte ganze Tomaten (400 g)
- 1 kleines Bund glatte Petersilie, gehackt (Stiele für den Sud nehmen)
- 3 Knoblauchzehen, abgezogen und durch die Presse gedrückt (9 g)
- 1 Lorbeerblatt
- ¼ TL getrockneter Thymian
- ¼ TL getrockneter Oregano
- ½ EL Cayennepfeffer (oder mehr, nach Geschmack)
- ¼ TL Piment, gemahlen

ZUBEREITUNGSZEIT 60 Minuten
GARZEIT 35 Minuten für den Sud + etwa 2 Stunden für die Suppe

1 Die Garnelen schälen und die Köpfe entfernen. Schalen und Köpfe in einen großen Topf geben. Die Garnelenschwänze für die Suppe beiseitestellen. Die Selleriestange säubern und in grobe Stücke schneiden. Die Möhre schälen und in Scheiben schneiden. Beides mit der Zwiebel, Lorbeerblatt, Thymian, Petersilienstielen sowie etwas Salz und Pfeffer zu den Garnelenschalen geben. Mit 2 l Wasser gut bedecken, erhitzen und 35 Minuten unbedeckt köcheln lassen. (Wenn frischer Taschenkrebs verwendet wird, diesen während der letzten 15 Minuten im Sud mitgaren.)

2 Den Sud durch ein feinmaschiges Sieb gießen, auffangen und beiseitestellen. Das Krebsfleisch aus den Schalen lösen und ebenfalls beiseitestellen.

3 Die Okraschoten waschen, von Stielansatz und Spitze befreien und in 1 cm breite Ringe schneiden. Das Öl in einer Pfanne erhitzen, die Okraringe zugeben und 30 Minuten weich dünsten, dabei ab und zu umrühren.

4 Inzwischen die Zwiebel schälen und hacken. Die Selleriestange und die Paprikaschote säubern, Letztere entkernen. Beides in 1 cm große Stücke schneiden.

5 Das Öl für die Mehlschwitze in einem großen Schmortopf erhitzen. Das Mehl einstreuen und bei mittlerer Hitze und ständigem Rühren so lange (etwa 10 Minuten) köcheln lassen, bis die Mehlschwitze einen mittelbraunen Karamellton angenommen hat. Auf keinen Fall anbrennen lassen!

- Worcestersauce
- 1 kleiner frischer Taschenkrebs oder 250 g Krebsfleisch
- 750 g frische Austern (oder andere Muscheln)
- Salz, Pfeffer
- 2 EL Lauchzwiebelgrün, gehackt
- ½ TL Filépulver (Gumbo filé bzw. gemahlene Sassafrasblätter)
- Tabasco

FÜR DIE MEHLSCHWITZE

- 60 g Öl
- 60 g Mehl

6 Das zerkleinerte Gemüse in die Mehlschwitze geben, gut umrühren und 15 Minuten bei schwacher Hitze garen. Regelmäßig umrühren, damit nichts anbrennt. Die Tomaten abgießen und grob hacken. Tomaten und gehackte Petersilie in die Mehlschwitze geben und weitere 10 Minuten köcheln lassen.

7 Dann den Meeresfrüchtesud langsam zugießen und gut verrühren. Okraschoten, Knoblauch, Lorbeerblatt, Thymian, Oregano, Cayennepfeffer, Piment und etwas Worcestersauce unterrühren und etwa 1 Stunde sanft köcheln lassen. Dann die Garnelen und das Krebsfleisch in die Suppe geben und 5 Minuten bei sehr schwacher Hitze ziehen lassen. Die Austern öffnen, aus den Schalen lösen und mit ihrem Wasser in die siedende Suppe geben. Vom Herd ziehen und mit Worcestersauce, Salz und Pfeffer abschmecken.

8 Die Suppe 20 Minuten ruhen lassen, damit alle Aromen sich entfalten und dann nochmals kurz erhitzen. Den Gumbo mit Lauchzwiebelgrün und Filépulver bestreuen und auf Reis servieren. Tabasco dazu reichen.

TIPP Wer sich an das Austern- oder Muschelöffnen nicht heranwagt, kann das Öffnen im Backofen bewerkstelligen: Austern oder Muscheln nebeneinander auf eine ofenfeste Platte legen und für 1 bis 2 Minuten in den auf 180 °C vorgeheizten Backofen schieben, bis sie sich öffnen.

INFO Der Sassafrasbaum (Familie der Lorbeergewächse), auch Fenchelholzbaum oder Nelkenzimtbaum genannt, kommt aus dem östlichen und südöstlichen Nordamerika. Das aus den getrockneten Blättern hergestellte Filépulver wird in der Cajun-Küche zum Würzen und Andicken von vielen Gerichten und insbesondere des Gumbo verwendet.

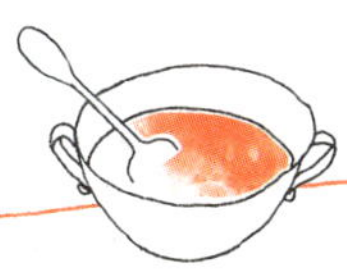

PRO PORTION
E 44 g • KH 20 g • F 21 g
470 kcal

USA

BOSTON CLAM CHOWDER

Muschelsuppe

Chowder leitet sich höchstwahrscheinlich von dem französischen Wort „chaudrée“ (Fischsuppe) bzw. „chaudière“ oder „chaudron“ (Kochkessel) ab. Von der Clam Chowder, einer traditionellen Muschelsuppe aus Neuengland, gibt es verschiedene Versionen. Die Boston Clam Chowder mit Sahne und die Manhattan Clam Chowder mit Tomate sind die bekanntesten. Da Clams (Teppichmuscheln) früher zu den billigsten Muschelsorten zählten, war diese Suppe ein Arme-Leute-Essen.

4 PORTIONEN

- 2 kg frische Teppichmuscheln (Clams)
- 60 g geräucherter Speck
- 1 mittlere Zwiebel (80 g)
- 1 Stange Staudensellerie (80 g)
- 1 mittlere Möhre (80 g)
- 1 EL Butter
- 4 mittlere festkochende Kartoffeln (400 g)
- 375 ml trockener Weißwein (oder Milch)
- 1 Lorbeerblatt
- Pfeffer
- 250 ml saure Sahne (Sauerrahm)
- Salz
- 1 EL gehackte Sellerieblätter

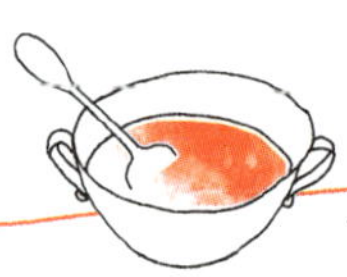

PRO PORTION
E 23 g · KH 29 g · F 23 g
454 kcal

ZUBEREITUNGSZEIT 20 Minuten
GARZEIT 30 Minuten

1 Die Muscheln unter fließendem Wasser waschen. Geöffnete Muscheln entfernen. Die Teppichmuscheln in einer Schicht auf den Boden eines Topfes legen und zugedeckt bei starker Hitze 4 bis 5 Minuten kochen, dabei mehrmals am Topf rütteln. Sobald alle Muscheln geöffnet sind, den Topf vom Herd ziehen.

2 Die Teppichmuscheln von den Schalen befreien (ungeöffnete Muscheln aussortieren) und das Muschelfleisch grob würfeln (kleine Muscheln ganz lassen). Den Muschelsud filtrieren und beiseitestellen.

3 Den Speck in feine Streifen schneiden, in einem Schmortopf bei schwacher Hitze auslassen und leicht anbräunen.

4 Die Zwiebel schälen und fein hacken. Den Sellerie säubern und in feine Streifen schneiden (die Blätter für die Dekoration aufheben). Die Möhre schälen und fein würfeln. Das Gemüse mit der Butter zu dem Speck geben und 5 Minuten anschwitzen.

5 Die Kartoffeln schälen und in Würfel schneiden.

6 Kartoffeln, Muscheln, Muschelsud sowie Weißwein (oder Milch) und 500 ml Wasser in den Topf geben. Lorbeerblatt und etwas Pfeffer zufügen, umrühren und erhitzen. Die Suppe zudecken und 20 Minuten sanft garen.

7 Zum Schluss die saure Sahne unterrühren und nicht mehr kochen lassen. Die Suppe mit Salz abschmecken, mit gehackten Sellerieblättern bestreuen und heiß servieren.

TIPP Für eine leicht angedickte Clam Chowder: 1 bis 2 Kellen Suppe mixen und mit dem Rest verrühren.

USA

LEEK & POTATO SOUP

Lauch-Kartoffel-Suppe

Wo diese Suppe entstand, ist nicht mehr nachvollziehbar. Sicher ist, dass die ersten europäischen Einwanderer den Lauch in Amerika verbreiteten, denn er gehörte zu ihren Lieblingsgemüsen. In Wales schätzte man den Lauch so sehr, dass er als Emblem auf dem Wappen verewigt wurde. Aber auch die Iren und die Schotten lieben Lauchsuppe (früher oft in Verbindung mit Hafer oder Gerste). Später gesellte sich dann die Kartoffel dazu.

V

4 PORTIONEN

- 4 mittlere Lauchstangen (800 g)
- 500 g mehligkochende Kartoffeln
- 30 g Butter
- 1½ l Gemüsebrühe (oder Hühnerbrühe)
- 1 frischer Stiel Thymian
- 1 Lorbeerblatt
- Salz, Pfeffer
- 100 ml saure Sahne (Sauerrahm)
- 2 EL Schnittlauch, gehackt

ZUBEREITUNGSZEIT 15 Minuten
GARZEIT 30 Minuten

1 Die Lauchstangen säubern (Wurzeln und obere dunkelgrüne Blattenden entfernen), halbieren und gründlich unter fließendem kaltem Wasser waschen. Die Lauchhälften in Streifen schneiden.

2 Die Kartoffeln schälen und grob würfeln.

3 Die Butter in einem großen Topf erhitzen und den Lauch darin 10 Minuten sanft anschwitzen, ab und zu umrühren. Kartoffelstücke, Brühe, Thymian, Lorbeerblatt und etwas Salz und Pfeffer zugeben und zum Kochen bringen. Bedeckt bei schwacher Hitze etwa 20 Minuten garen, bis das Gemüse weich ist.

4 Thymian und Lorbeerblatt entfernen und die Suppe mit der Flotten Lotte (oder dem Stabmixer) pürieren. Die saure Sahne unterziehen, abschmecken und mit Schnittlauch bestreut servieren.

VARIANTE Vichyssoise ist die kalt servierte Version der Lauch-Kartoffel-Suppe. Die Amerikaner behaupten zwar, sie sei ihre Erfindung, das Rezept scheint jedoch auf den Franzosen Louis Diat, Chef im Ritz-Carlton in New York, zurückzugehen.

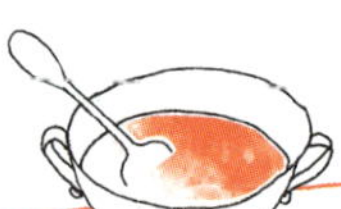

PRO PORTION
E 6 g • KH 21 g • F 12 g
226 kcal

USA

MUSHROOM-BARLEY-SOUP

Perlgraupensuppe mit Pilzen

(V)

Diese Suppe jüdisch-aschkenasischer Tradition stammt ursprünglich aus Osteuropa und nannte sich „Krupnik". Es war ein Arme-Leute-Essen, die Hühnerbrühe wurde aus den Innereien gekocht, Hühnerfett ersetzte Öl oder Butter und die Zugabe von großen weißen Bohnen machte die Suppe nahrhaft. Wie die meisten Emigranten, haben die nach Amerika ausgewanderten Juden ihre typische Esskultur dort weiter gepflegt. Besonders in New York, der amerikanischen Stadt mit der bei Weitem größten jüdischen Gemeinschaft, gibt es noch heute etliche „Delis" (Delikatessgeschäfte bzw. -restaurants), die jüdische Spezialitäten anbieten.

4 PORTIONEN

- 50 g getrocknete Steinpilze
- 1 mittlere Zwiebel (80 g)
- 2 Knoblauchzehen (6 g)
- 1 mittlere Möhre (80 g)
- 1 Stange Staudensellerie mit Blättern (80 g)
- 2 EL Öl (oder Butter)
- 1½ l Gemüsebrühe
- 220 g Perlgraupen
- 1 Lorbeerblatt
- 1–2 Stiele frischer Thymian
- Salz, Pfeffer
- 2 EL gehackte Petersilie

ZUBEREITUNGSZEIT 15 Minuten
GARZEIT 40 Minuten

1 Die getrockneten Pilze in ein Schälchen geben und mit 250 ml kochendem Wasser übergießen. 30 Minuten quellen lassen. Die Pilze danach abgießen und abtropfen lassen. Das Einweichwasser auffangen und zur Seite stellen.

2 Zwiebel und Knoblauchzehen schälen und fein hacken. Möhre schälen und klein würfeln. Den Sellerie säubern und mit den Blättern fein schneiden.

3 Das Öl in einem Schmortopf erhitzen und das zerkleinerte Gemüse darin 5 Minuten anschwitzen. Die abgetropften Pilze zugeben und 5 Minuten mitdünsten.

4 Das Pilzwasser und die Brühe angießen. Perlgraupen, Lorbeerblatt, Thymian sowie etwas Salz und Pfeffer zufügen und zum Kochen bringen. Bedeckt etwa 30 Minuten sanft garen, bis die Perlgraupen weich sind. Während des Garens von Zeit zu Zeit umrühren.

5 Die Suppe abschmecken, mit Petersilie bestreuen und heiß servieren.

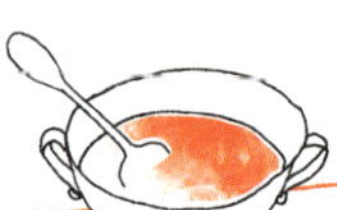

PRO PORTION
E 11 g · KH 43 g · F 6 g
300 kcal

USA

KREPLEKH

Fleischravioli
in Hühnerbrühe

Zu den jüdischen Festen Purim, Jom Kippur und Hoschanah Rabbah gehört traditionell die deliziöse Kreplekh (auch Kreplach)-Suppe. Die Suppe mit den Teigtaschen kam mit den jüdischen Einwanderern in die USA und vor allem nach New York. Die Fleischravioli ähneln den deutschen Maultaschen oder auch den italienischen Ravioli. Lustigerweise wurden später in New York chinesische Raviolis unter dem Namen „Chinese Kreplekhs" verkauft.

4 PORTIONEN (ETWA 20 STÜCK)

FÜR DEN TEIG

- 1 großes Ei
- 130 g Mehl
- 1 gute Prise Salz

FÜR DIE FÜLLUNG

- 1 kleine Zwiebel (60 g)
- 1 EL Öl (Hühnerfett)
- 70 g Hühnerleber, gesäubert
- 70 g gegartes Rindfleisch (z. B. Braten- oder Suppenreste)
- 1 kleine Knoblauchzehe, gehackt
- 2 EL gehackte Petersilie
- Salz, Pfeffer
- 1 kleines Ei

FÜR DIE SUPPE

- 1200 ml Hühnerbrühe

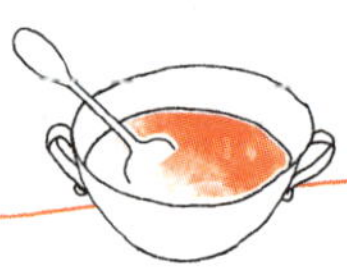

PRO PORTION
E 15 g • KH 25 g • F 7 g
232 kcal

ZUBEREITUNGSZEIT 1 Stunde
GARZEIT 20 Minuten

1 Das Ei in eine Schüssel geben und mit 1 EL Wasser verquirlen. Mehl und Salz darüberstreuen und alle Zutaten zu einem glatten und geschmeidigen Teig verkneten. Falls nötig, etwas mehr Wasser zugeben. Den Teig mit einem feuchten Tuch abdecken und 30 Minuten ruhen lassen.

2 Die Zwiebel schälen und fein hacken. Das Öl in einer Pfanne erhitzen und die gehackte Zwiebel darin 2 Minuten anschwitzen. Die grob zerkleinerte Hühnerleber dazugeben und etwa 5 Minuten von allen Seiten kräftig anbraten.

3 Das Rindfleisch in kleine Stücke schneiden und zusammen mit Zwiebeln, Leber, Knoblauch, Petersilie, etwas Salz und Pfeffer in einen Mixer geben. Das Ei hinzufügen und alles zu einer homogenen Masse mixen.

4 Die Hälfte des Teiges auf der bemehlten Arbeitsfläche sehr dünn ausrollen (1 bis 2 mm dick) und in Quadrate von 8 cm Seitenlänge schneiden. Den restlichen Teig zugedeckt in der Schüssel lassen, damit er nicht austrocknet. Auf jedes Teigquadrat ½ TL Fleischfüllung geben. Die Teigränder mit etwas Wasser bestreichen, und die Quadrate diagonal zusammenfalten. Die Ränder gut zusammendrücken und eventuell mit dem Messer begradigen.

5 Die fertigen Kreplekhs nebeneinander auf ein leicht mit Mehl bestreutes Brett legen. Mit der zweiten Hälfte des Teigs und der restlichen Füllung weitere Kreplekhs herstellen.

6 Inzwischen die Hühnerbrühe erhitzen. Die fertigen Kreplekhs in die siedende Brühe geben und 10 Minuten ziehen lassen.

7 Die Kreplekhs auf 4 tiefe Teller verteilen und die heiße Brühe darübergeben.

USA

CORN CHOWDER

Suppe mit frischen Maiskolben

V

Mais gehörte mit Kürbis und Bohnen (die indianischen drei Schwestern) zu den Grundnahrungsmitteln der Indianer. Sie betrieben Mischkultur: Verschiedenste Maissorten wurden zusammen mit Bohnen (die sich an den Maisstangen hochrankten) und Kürbissen (sie vertrieben das Unkraut auf dem Boden) angebaut, wodurch die Pflanzen sich gegenseitig begünstigten. Zur Zeit der Entdeckung Amerikas hatte der Mais sich bereits auf dem gesamten amerikanischen Kontinent ausgebreitet.

4 PORTIONEN

- 4 frische große Maiskolben (750 g Maiskörner)
- 1 mittlere Zwiebel (80 g)
- 1 Stange Staudensellerie (80 g)
- 500 g festkochende Kartoffeln
- 125 g geräucherter Speck in dünnen Scheiben
- 750 ml Vollmilch
- 1–2 Stiele frischer Thymian
- Salz, Pfeffer
- 125 ml saure Sahne (Sauerrahm)
- 2 EL Schnittlauch, gehackt

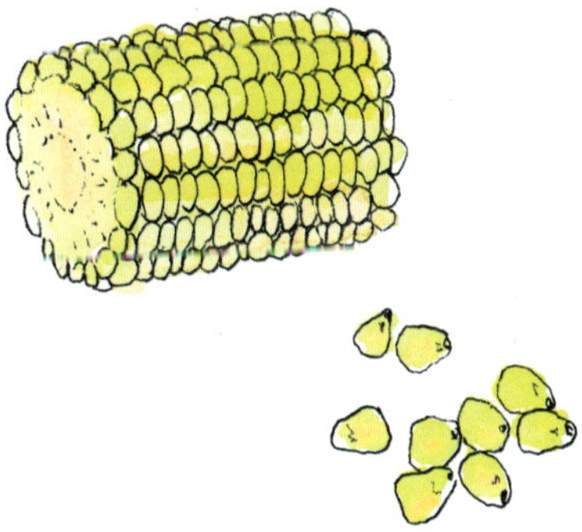

PRO PORTION
E 20 g • KH 56 g • F 24 g
543 kcal

ZUBEREITUNGSZEIT 15 Minuten
GARZEIT 30 Minuten

1 Die Maiskolben von den Blättern befreien. Die Maiskörner mit einem Messer vom Kolben trennen und in eine Schüssel geben. Mit der stumpfen Seite des Messers den Kolben über der Schüssel abschaben, um den Saft herauszupressen.

2 Die Zwiebel schälen und fein hacken. Den Sellerie säubern und in Scheiben schneiden. Die Kartoffeln schälen und in kleine Würfel schneiden.

3 Den Speck in Streifen schneiden und in einem Schmortopf bei milder Hitze auslassen, bis das Fett austritt. Die Hitze dann etwas erhöhen und den Speck anbräunen. Den Speck aus dem Topf nehmen und zur Seite stellen.

4 Zwiebel und Sellerie zugeben und in dem Speckfett 10 Minuten sanft schwitzen lassen, dabei regelmäßig umrühren.

5 Ein Drittel der Maiskörner mit 250 ml Milch im Mixer pürieren und in den Topf geben.

6 Restliche Maiskörner, Maissaft, Kartoffelwürfel, restliche Milch, Thymian sowie etwas Salz und Pfeffer hinzufügen und erhitzen. Zugedeckt etwa 20 Minuten kochen lassen, bis die Kartoffeln weich sind. Die saure Sahne unter die Suppe ziehen und abschmecken, nicht mehr kochen lassen. Die Suppe mit Speck und Schnittlauch garnieren und heiß servieren.

VEGETARISCHE VARIANTE Den Speck weglassen und Zwiebel und Sellerie in 1 EL Öl oder Butter anschwitzen.

KANADA

SOUPE AUX GOURGANES

Pferdebohnensuppe

Die Pferdebohne oder Ackerbohne wurde von den ersten europäischen Einwanderern in Amerika und Kanada verbreitet. Sie gehörte im 18. Jahrhundert zu den Grundnahrungsmitteln in der Provinz Quebec, damals französische Kolonie. Heute findet man die Pferdebohne (in Quebec „Gourgane“ genannt) nur noch in den beiden Regionen Charlevoix und Saguenay-Lac-Saint-Jean.

4 PORTIONEN

- 50 g geräucherter Speck
- 125 g Suppenfleisch vom Rind
- 1 mittlere Zwiebel (80 g)
- 400 g frische Pferdebohnen, ausgepalt
- 60 g Perlgraupen
- 1½ l Rinderbrühe
- 2 Stiele Bohnenkraut
- Pfeffer
- 2 mittlere Möhren (160 g)
- 100 g Steckrübe (oder weiße Rübchen)
- 2 mittlere festkochende Kartoffeln (200 g)
- 1 kleine Stange Staudensellerie (60 g)
- 8 Spinatblätter (oder Kopfsalatblätter)
- Salz
- 2 EL gehackter Schnittlauch

ZUBEREITUNGSZEIT 20 Minuten
GARZEIT 90 Minuten

1 Den Speck grob hacken und das Suppenfleisch in kleine Würfel schneiden. Die Zwiebel schälen und fein hacken.

2 Den Speck in einen Schmortopf geben und bei schwacher Hitze schwitzen lassen, bis das Fett austritt. Die Zwiebel hinzufügen und 2 Minuten hell anbraten. Fleischwürfel, Pferdebohnen und Perlgraupen zufügen und 2 bis 3 Minuten mitdünsten. Dann die Brühe angießen, Bohnenkraut und etwas Pfeffer zugeben und erhitzen. Das Ganze bedeckt 1 Stunde sanft köcheln lassen.

3 Inzwischen das Gemüse vorbereiten: Möhren, Steckrübe und Kartoffeln schälen und in kleine Würfel schneiden. Sellerie und Spinat säubern, waschen und in dünne Streifen schneiden.

4 Nach 1 Stunde Garzeit das zerkleinerte Gemüse in den Topf geben und unbedeckt noch 30 Minuten köcheln lassen.

5 Die Suppe mit Salz und Pfeffer abschmecken, mit Schnittlauch bestreuen und heiß servieren.

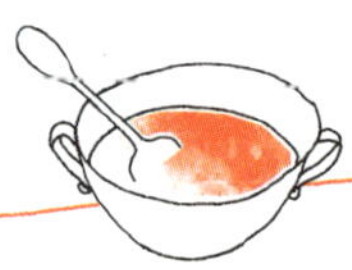

PRO PORTION
E 39 g • KH 49 g • F 10 g
516 kcal

KANADA

SOUPE DE TOMATES VERTES

Grüne Tomatensuppe

(V)

Wenn der Sommer zu Ende geht und noch viele grüne Tomaten am Strauch hängen, wird oft folgende Methode zum Nachreifen angewandt: Man wickelt die Tomaten einzeln in Zeitungspapier und lagert sie in einem der Sonne ausgesetzten Raum, z. B. einer Veranda. Essen sollte man unreife, noch grüne Tomaten lieber nicht, denn sie enthalten das giftige Solanin. Wir verwenden für diesen kanadischen Klassiker Tomatensorten, die auch im reifen Zustand grün sind und kein Solanin enthalten.

4 PORTIONEN

- 1 mittlere Zwiebel (80 g)
- 400 g reife grüne Tomaten
- 1 Stange Staudensellerie (80 g)
- 2 mittlere Möhren (160 g)
- 150 g Steckrübe (oder 2 mittlere weiße Rübchen)
- 150 g Butternusskürbis
- 1 Knoblauchzehe (3 g)
- ¼ von 1 kleinen grünen Paprikaschote (40 g)
- 2 EL Öl
- 300 ml Tomatensaft
- 1 l Gemüsebrühe
- Lorbeer, Thymian
- 30 ml Ahornsirup
- 15 ml Tomatencoulis
- Salz, Pfeffer

ZUBEREITUNGSZEIT 30 Minuten
GARZEIT 35 Minuten

1 Die Zwiebel schälen und fein hacken. Grüne Tomaten säubern, entkernen und in kleine Würfel schneiden. Sellerie, Möhren, Steckrüben und Kürbis säubern bzw. schälen und ebenfalls würfeln. Knoblauchzehe schälen und fein hacken. Grüne Paprika säubern und würfeln.

2 Das Öl in einem Schmortopf erhitzen. Zwiebeln und Sellerie zugeben und 5 Minuten bei mittlerer Hitze schwitzen lassen. Grüne Tomaten und Tomatensaft hinzufügen und 10 Minuten garen. Alle anderen Zutaten in den Topf geben und zugedeckt 20 bis 25 Minuten köcheln lassen.

3 Abschmecken und heiß servieren.

TIPP An warmen Tagen die Suppe gekühlt reichen.

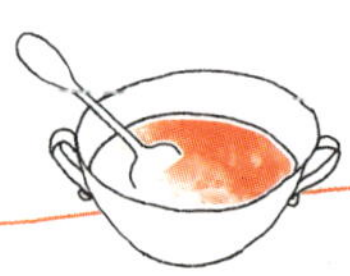

PRO PORTION
E 4 g • KH 17 g • F 6 g
148 kcal

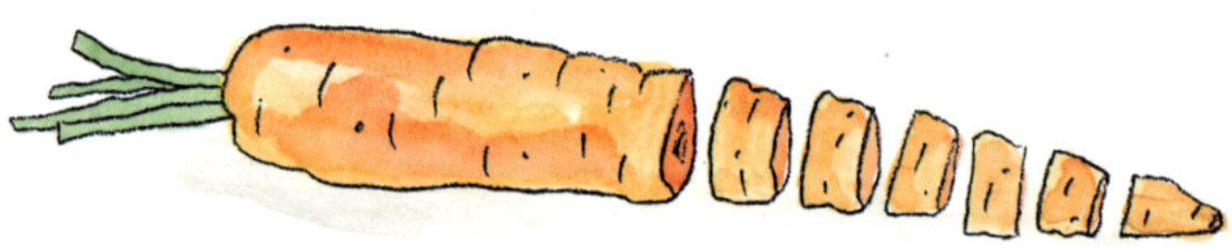

MITTEL- & SÜDAMERIKA

In den Suppen Südamerikas spiegelt sich die Geschichte des Kontinents wider. Mais, Bohnen und Kürbis – die indianischen drei Schwestern –, Kartoffeln, Tomaten, Chilis und Quinoa gehörten seit jeher zur täglichen Ernährung der Ureinwohner (Quinoasuppe, Seite 162, Ajiaco Santafereno, Seite 158).

An den Küsten und Flüssen wurden selbstverständlich Fisch, Garnelen und Muscheln verzehrt. In den präkolumbischen Eintopf Pozole (Seite 156) kamen außer Mais und Gewürzen auch verschiedenste Fleisch- oder Fischsorten, je nachdem, was die Jagd hergab oder was gezüchtet wurde.

Mit den spanischen und portugiesischen Konquistadoren und den mitgebrachten afrikanischen Sklaven gelangten neue Gemüsesorten und Früchte (z. B. Kokosnüsse, Plantanen, Yamswurzel, Taro) nach Südamerika, welche die lokalen Suppen bereicherten (Olla de carne aus Costa Rica, Seite 160, Bobó de camarão aus Brasilien, Seite 164, Tapado aus Guatemala, Seite 154, Sancocho costeno de pescado aus Kolumbien, Seite 157).

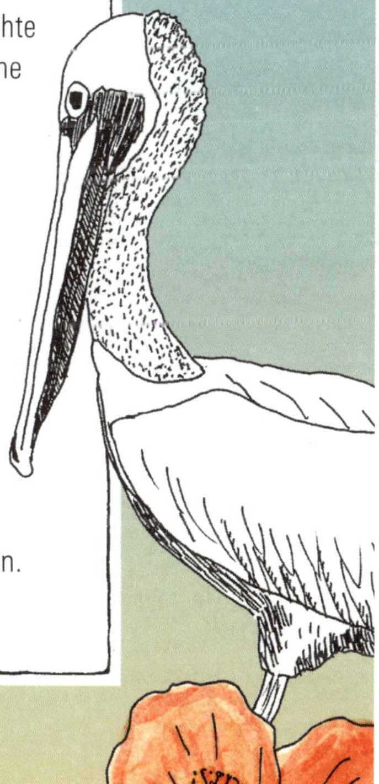

Die Küche der Karibik ist eine Mischung verschiedenster Einflüsse und Kulturen: europäische Kolonialmächte (Spanien, England, Frankreich, Niederlande), Sklaven aus Afrika sowie seit dem 19. Jahrhundert die eingewanderten Inder (nach Abschaffung der Sklaverei als billige Arbeitskräfte angeheuert) haben ihre Spuren hinterlassen, wobei jede Insel oder Inselgruppe eine ganz eigene kulinarische Identität besitzt. Aber man kann sicher sagen, dass Karibianer scharfe Chilis (Habanero, Scotch Bonnet) und Gewürze wie Piment, Zimt, Muskatnuss oder Ingwer lieben.

1 KÜRBIS
Zu den fünf vom Menschen kultivierten Kürbisarten gehören der Moschuskürbis (Muskatkürbis, Butternuss), der Riesenkürbis (Hokkaido, Türkenturban) und der Gartenkürbis (Zucchini, Bischofsmütze). Die verschiedenen, unabhängig voneinander gezüchteten Sorten wurden schon um 8 000 bis 10 000 v. Chr. in Süd- und Zentralamerika sowie im Süden der USA angebaut.

2 SÜSSKARTOFFELN
Auch Batate genannt, sind höchstwahrscheinlich südamerikanischen Ursprungs und erreichten Europa noch vor der Kartoffel. Schiffskapitäne nahmen sie als Schutz gegen Skorbut mit an Bord.

3 PLANTANEN
Auch Kochbanane genannt, stammt wie die Banane aus Südostasien. Sie hat sich über Madagaskar und Afrika, wo sie noch heute zu den Grundnahrungsmitteln gehört, bis nach Amerika ausgebreitet. Die nährstoffreichen Früchte werden besonders in Kolumbien sehr geschätzt.

4 AVOCADOS
Ursprünglich in Südmexiko beheimatet, werden Avocados schon seit 10 000 Jahren im subtropischen Zentralamerika genutzt. Im Mittelmeerraum baut man Avocados erst seit dem 20. Jahrhundert an. Sie sind sehr reich an ungesättigten Fettsäuren und enthalten viele wertvolle Mineralstoffe, Vitamine und Spurenelemente.

5 KARTOFFELN
Die ursprüngliche Heimat der Kartoffel liegt höchstwahrscheinlich in Peru oder auf der chilenischen Insel Chiloé. In Peru gibt es mehr als 3 000 einheimische Kartoffelsorten, von denen die meisten nur vor Ort gedeihen. Süd- und Mittelamerika kennt besonders viele farbige Kartoffelsorten von blau, rot bis violett. Für die kräftige Farbe sorgen die Pflanzenfarbstoffe Anthozyanen.

6 PAPRIKA UND CHILI
Die milden bis scharfen Schoten gehören zur großen Familie der Paprikagewächse. Die Schärfe der verschiedenen Chili-Sorten hängt von ihrem Capsaicin-Gehalt ab. Chilis und Paprika sind reich an Vitamin C. Es gibt besonders scharfe Chilisorten, bei denen man tatsächlich Handschuhe tragen sollte.

7 SCHWARZE BOHNEN
Diese Bohnen zählen zu den Gartenbohnen und stammen wie diese aus Mittel- und Südamerika. Schwarze Bohnen sind besonders in Mexiko und auf Kuba sehr beliebt. Sie sind zart und fleischig im Geschmack und, wie alle Hülsenfrüchte, sehr proteinreich.

8 QUINOA
Quinoa wird oft fälschlicherweise als Getreide bezeichnet, gehört aber nicht zu den Süßgräsern (wie Hafer, Gerste, Weizen, Roggen, Reis usw.), sondern zu den Fuchsschwanzgewächsen (wie Spinat oder Zuckerrübe). Quinoa hat eine hohe Nährwertqualität, denn es ist sehr reich an hochwertigen Proteinen, Vitaminen und Mineralstoffen wie auch an sekundären Pflanzenstoffen.

9 GUASCA
Guasca ist der kolumbianische Name für das Kleinblütige Knopfkraut, auch Franzosenkraut genannt. Die ursprünglich in Südamerika beheimatete Pflanze hat sich heute fast überall auf der Erde ausgebreitet. Die aromatischen und leicht pikanten Blätter, im Geschmack an Artischocken erinnernd, werden als Salat oder Gemüse zubereitet.

KUBA

SOPA DE FRIJOLES NEGROS

Schwarze-Bohnen-Suppe

V

Christoph Kolumbus entdeckte die Gartenbohnen – zu welchen die schwarzen Bohnen gehören – auf Kuba, während seiner ersten Amerikareise, und führte sie in Europa ein. Dort erfreute sich die Gartenbohne schnell großer Beliebtheit (sie war einfach im Anbau und lange haltbar) und verdrängte z. T. die herkömmlichen Hülsenfrüchte wie Ackerbohnen (Pferdebohnen), Linsen und Kichererbsen.

4 PORTIONEN

- 350 g schwarze Bohnen, getrocknet
- 2 Knoblauchzehen (6 g)
- 1 große Zwiebel (100 g)
- 1 große vollreife Tomate (100 g)
- 1 mittlere grüne Paprikaschote (200 g)
- 1 Scheibe Kochschinken à 200 g
- 1 Pfefferschote (optional)
- 2 EL Öl
- 1 TL Kümmel, gemahlen
- 1 TL Oregano
- 750 ml Fleischbrühe
- 2 EL brauner Rum
- Salz
- 4 Eier
- 1 mittlere Zwiebel (80 g)

PRO PORTION
E 45 g • KH 48 g • F 14 g
543 kcal

ZUBEREITUNGSZEIT 15 Minuten
EINWEICHZEIT 12 Stunden
GARZEIT 90 Minuten

1 Die schwarzen Bohnen abspülen, in eine Schüssel geben und reichlich mit kaltem Wasser bedecken. 1 Nacht quellen lassen.

2 Am nächsten Tag die aufgequollenen Bohnen abgießen.

3 Die Knoblauchzehen und die große Zwiebel schälen und fein hacken. Die Tomate überbrühen, Haut abziehen, entkernen und würfeln. Paprikaschote halbieren, säubern, entkernen und ebenfalls würfeln. Den Kochschinken in kleine Würfel schneiden. Die Pfefferschote zwei- oder dreimal mit einer Messerspitze einstechen.

4 Das Öl in einem Schmortopf erhitzen. Gehackte Zwiebel und Knoblauch zugeben und 2 Minuten anschwitzen. Tomate, Paprika, Kochschinken, Kümmel, Oregano, Pfefferschote und Bohnen hinzufügen und 2 Minuten dünsten, dabei umrühren. Die Brühe, den Rum und 500 ml Wasser zugeben und aufkochen lassen. Die Hitze dann reduzieren und etwa 1 Stunde sanft köcheln lassen, bis die Bohnen weich sind. Die Suppe erst kurz vor Ende der Garzeit salzen. (Eventuell einen Teil der Bohnen mit dem Kartoffelstampfer zerdrücken, um die Suppe noch sämiger zu machen).

5 Inzwischen die Eier hartkochen, schälen und grob würfeln. Die letzte Zwiebel abziehen und fein hacken. Die schwarzen Bohnen mit Ei und rohen Zwiebeln anrichten. Reis dazu reichen.

VEGETARISCHE VARIANTE Den Kochschinken weglassen und die Fleischbrühe durch Gemüsebrühe ersetzen.

GUATEMALA

TAPADO

Meeresfrüchtesuppe

Am Ende des 19. Jahrhunderts suchte die atlantische Region um Izabal und Livingstone nach neuen Arbeitskräften, was viele Garifunas aus der Karibik anzog. Die afrikanischen Wurzeln dieser Bevölkerung, die man in der karibischen Küche überall wiederfindet (Verwendung von Kokosnüssen, Meeresfrüchten, Bananen und Plantanen), haben so ebenfalls viele Gerichte Guatemalas geprägt.

4 PORTIONEN

- 500 g Fischfilet (Dorsch, Seebarsch)
- 2 EL Öl
- 1 kleine Zwiebel (60 g)
- 1 grüne Plantane (Kochbanane)
- 500 ml Kokosmilch
- 2 kleine Krebse (Soft shell crabs oder 2–3 Taschenkrebszangen)
- ¼ TL Oregano
- 4 EL Korianderblätter fein gehackt
- Salz, Pfeffer
- 250 g frische Garnelen
- 1–2 EL Limettensaft

ZUBEREITUNGSZEIT 15 Minuten
GARZEIT 35 Minuten

1 Den Fisch in breite Streifen schneiden und in dem Öl bei mittlerer Hitze 2 bis 3 Minuten von beiden Seiten anbraten und beiseitestellen.

2 Die Zwiebel schälen und fein hacken. Die Plantane schälen und in etwa 2 cm dicke Scheiben schneiden. Die Kokosmilch in einem Topf langsam erhitzen. Sowie der Siedepunkt erreicht ist, Krebse oder Taschenkrebszangen, Plantanenscheiben, gehackte Zwiebel, Oregano und 2 EL Koriander hinzufügen. Mit Salz und Pfeffer würzen und etwa 200 ml Wasser zugießen, sodass alles knapp bedeckt ist. Zudecken und etwa 30 Minuten sanft köcheln lassen. Des Öfteren umrühren.

3 Am Ende der Garzeit die Garnelen und die Fischstreifen in die Suppe geben und noch 5 Minuten ziehen lassen. Mit Limettensaft abschmecken, restlichen Koriander darüberstreuen und heiß servieren. Reis dazu reichen.

TIPP Die Krebse dienen hauptsächlich dazu, dem Sud Geschmack zu geben; falls keine aufzutreiben sind, 100 g Garnelen mehr rechnen und diese dann von Anfang an mitkochen.

PRO PORTION
E 46 g • KH 18 g • F 29 g
527 kcal

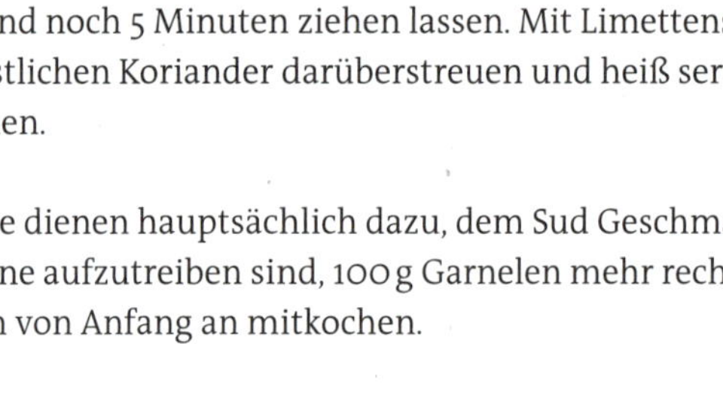

MEXIKO

POZOLE

Maissuppe mit Salat, Gemüse und frittierten Tortillas

In diesen präkolumbianischen Eintopf gehört traditionsgemäß Cacahuazintle, eine Maissorte mit großen weißen Körnern. Nach einem jahrhundertealten Verfahren (die sogenannte Nixtamalisation) werden die Maiskörner in einer alkalischen Lösung (Holzkohlenasche mit Wasser vermischt) eingeweicht und gegart, was ihren Nährwert steigert. Den Pozole gibt es in weißer, grüner oder roter Version, je nachdem ob und welche Chilis mitgekocht werden, bzw. durch die Zugabe von grünen Tomatillos und Kräutern.

4 PORTIONEN

- 250 g getrockneter Mais Cacahuazintle (Hominy/Mote)
- Salz
- 2 Lorbeerblätter
- 1 TL getrockneter Majoran
- 500 g Schweinefleisch (Nacken oder Schulter)
- 1 mittlere Zwiebel (80 g)
- 3 Knoblauchzehen (9 g)
- 4–5 getrocknete Chilis (Cascabel oder Guajillos)
- 2 EL Öl

BEILAGEN

- 2 Maismehltortillas
- 4 EL Öl
- ½ Römersalat
- ¼ Weißkohl (250 g)
- 8 Radieschen
- 2 Limetten
- 1 große Zwiebel (100 g)
- 4 frische Stiele Majoran

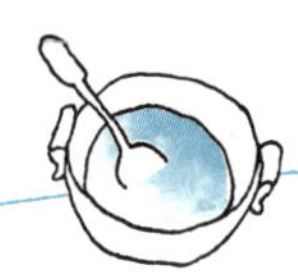

PRO PORTION
E 36 g • KH 59 g • F 36 g
726 kcal

ZUBEREITUNGSZEIT 20 Minuten
EINWEICHZEIT 1 Nacht
GARZEIT 3 Stunden + 20 Minuten

1 Den Mais in eine Schüssel geben, reichlich mit kaltem Wasser bedecken und über Nacht quellen lassen. Am nächsten Tag den Mais abgießen und abtropfen lassen. Den Mais in einen Schmortopf geben, mit 1,5 l Wasser bedecken und zum Kochen bringen. Etwas Salz, die Lorbeerblätter und den Majoran zugeben und bedeckt 1½ Stunden bei schwacher Hitze köcheln lassen.

2 Das Fleisch in kleine Würfel schneiden. Zwiebel und Knoblauch schälen und fein hacken.

3 Fleisch, Zwiebel und Knoblauch zu dem Mais geben, falls nötig etwas Wasser zufügen und noch etwa 1½ Stunden weitergaren, bis die Maiskörner aufplatzen (wie Popcorn). Inzwischen die Chilipaste zubereiten: Die Chilis in ein Schälchen geben, mit kochendem Wasser übergießen und etwa 20 Minuten ruhen lassen, bis sie weich werden. Die Chilis danach halbieren und von Kernen und Trennwänden befreien. Das Fruchtfleisch mit einem kleinen Messer von der harten Schale schaben und mit 2 EL heißem Wasser im Mörser zerreiben (oder mixen). Die Chilipaste in dem Öl 3 Minuten andünsten und in die Suppe geben. Alles zusammen noch 20 Minuten sanft köcheln lassen.

4 Die Beilagen zubereiten: Die Tortillas halbieren, in Streifen schneiden und mit 4 EL Öl in der Pfanne frittieren. Den Römersalat und den Kohl waschen und in Streifen schneiden. Radieschen abspülen und in Scheibchen schneiden. Limetten vierteln. Zwiebeln schälen und hacken. Majoran waschen und Blätter abzupfen.

5 Die Suppe abschmecken, auf 4 Teller verteilen und heiß mit den Beilagen reichen. Jeder gibt dann nach Belieben Limettensaft und Gemüse in seine Suppe.

KOLUMBIEN

SANCOCHO COSTENO DE PESCADO

Fisch-Gemüse-Eintopf

Auch in diesem Eintopf findet man die typischen lokalen Gemüsesorten wie Maniok, im spanischsprachigen Lateinamerika als Yuca bezeichnet, und Plantanen bzw. Kochbananen. Letztere haben sich im Zuge des Sklavenhandels über die Dominikanische Republik in Mittel- und Südamerika ausgebreitet.

4 PORTIONEN

- 4 Knoblauchzehen (12 g)
- 200 ml Öl + 2 EL
- 1,25 kg Meeräsche (geschuppt in 4–6 Scheiben, + Kopf und Schwanz, wichtig für den Sud) oder Kabeljau
- 400 g Yamswurzel
- 1 Plantane (Kochbanane)
- Salz
- 400 g Yuca (Maniok)
- 1 mittlere rote Zwiebel (80 g)
- 2 mittlere vollreife Tomaten (160 g)
- 1 Stange Staudensellerie (80 g)
- 1 Frühlingszwiebel
- 400 ml Kokosmilch
- 1 kleines Bund frischer Koriander
- 2 Limetten
- Pfeffer

PRO PORTION
E 47 g • KH 82 g • F 48 g
988 kcal

ZUBEREITUNGSZEIT 45 Minuten
GARZEIT 50 Minuten

1 Die Knoblauchzehen schälen und im Mörser zerreiben (oder durch die Presse drücken. 200 ml Öl in einer großen Pfanne mäßig erhitzen. Dreiviertel der Knoblauchpaste und die Fischstücke hinzugeben und 4–5 Minuten frittieren, dabei mehrmals wenden. Den frittierten Fisch auf einer mit Küchenkrepp bedeckten Platte abtropfen lassen.

2 In einem Schmortopf 2 l Wasser zum Kochen bringen. Yamswurzel und Plantane schälen und in grobe Stücke schneiden. Das Gemüse mit 1 TL Salz in das kochende Wasser geben, die Hitze reduzieren und etwa 20 Minuten garen, bis die Yamswurzel zu zerfallen beginnt. Den Yuca schälen, würfeln und in den Topf geben. 10 Minuten weitergaren. Den frittierten Fisch hinzugeben und 5 Minuten bei kleinster Hitze ziehen lassen. Die Fischscheiben dann wieder aus dem Topf entfernen (Kopf und Schwanz drinlassen) und beiseitestellen.

3 Die Zwiebel schälen und hacken. Tomaten überbrühen, Haut abziehen, entkernen und fein würfeln. Selleriestange und Frühlingszwiebel säubern und ebenfalls fein würfeln.

4 In einer Pfanne 2 EL Öl erhitzen. Sämtliches Gemüse sowie den restlichen Knoblauch zugeben und 5 Minuten unter Rühren sanft anschwitzen. Das Gemüse und die Kokosmilch in den Schmortopf geben (falls nötig etwas Wasser zugießen, sodass alles knapp bedeckt ist) und alles zusammen noch 10 Minuten köcheln lassen.

5 Koriander waschen, trocknen und die Blätter fein hacken. Den Saft einer Limette auspressen, die zweite Limette vierteln.

6 Die Fischscheiben 2 Minuten vor Ende der Garzeit wieder in die Suppe geben. Die Suppe mit Salz, Pfeffer und dem ausgepressten Limettensaft abschmecken. Heiß mit Limettenvierteln und gehacktem Koriander servieren.

KOLUMBIEN

AJIACO SANTA-FEREÑO

Kartoffel-Hähnchen-Suppe mit Mais und Avocado

Das „Ají" (auf deutsch: Chilischote) im Namen dieser Suppe deutet auf eine ältere, scharf gewürzte Version des Gerichts hin. In diese Suppe aus Bogotá, ehemals Sante Fé, gehören drei verschiedene Kartoffelsorten, die sich in Farbe und Konsistenz unterscheiden: Papa pastusa sind festkochende Kartoffeln, Papa sabanera mehligkochende und Papa criolla sind kleine gelbe Kartoffeln, eher mehligkochend.

4 PORTIONEN

- 1 kleines küchenfertiges Hähnchen (1 kg)
- 2 mittlere Zwiebeln (160 g)
- 2 Knoblauchzehen (6 g)
- 1 Lorbeerblatt
- 2 Stiele Koriander
- 1 kleine Chilischote (fakultativ)
- 10 frische Guascablätter oder 2 EL getrocknete (oder Brennnesselblätter)
- Salz, Pfeffer
- 1 kg Kartoffeln (3 verschiedene Sorten, die Hälfte davon mehligkochend)
- 2 Maiskolben
- 1 reife Avocado (300 g)
- 1 Limette
- 1 Bund Koriander
- 1 kleines Glas Kapern (90 g)
- 250 g saure Sahne (Sauerrahm)

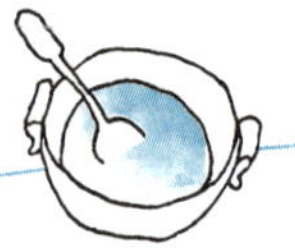

PRO PORTION
E 40 g • KH 48 g • F 24 g
600 kcal

ZUBEREITUNGSZEIT 30 Minuten
GARZEIT 60 Minuten

1 Das Hähnchen in einen großen Topf geben und mit 1750 ml Wasser knapp bedecken. Die Zwiebeln schälen und grob zerkleinern. Knoblauchzehen schälen und zerdrücken. Zwiebeln, Knoblauch, Lorbeerblatt, Koriander, ganze Chilischote (wenn gewünscht), die Hälfte der Guascablätter sowie etwas Salz und Pfeffer hinzufügen. Das Ganze erhitzen und dann 1 Stunde bei mittlerer Hitze köcheln lassen. Das Hähnchen aus dem Topf entfernen und abkühlen lassen. Die Hühnerbrühe filtrieren.

2 Inzwischen die Kartoffeln schälen und in 6–7 mm dicke Scheiben schneiden. Die Maiskolben säubern und jeweils in 4 Stücke schneiden. Die Kartoffelscheiben in die Hühnerbrühe geben und etwa 30 Minuten garen, bis die mehligen Kartoffeln zerfallen und die Suppe beginnt, sämig zu werden.

3 Inzwischen das Hähnchen zerteilen, Haut und Knochen entfernen und das Fleisch zerpflücken. Dann das Hähnchenfleisch zurück in die Suppe geben, den Mais und die restlichen Guascablätter zufügen und alles zusammen noch 15 Minuten köcheln lassen.

4 Inzwischen die Avocado schälen, entkernen und in Würfel schneiden. Die Limette vierteln. Das Bund Koriander waschen, trocknen und grob hacken. Die fertige Suppe abschmecken und mit Avocadowürfeln, Limettenvierteln, Kapern, saurer Sahne und gehacktem Koriander reichen.

COSTA RICA

OLLA DE CARNE

Fleischtopf mit exotischem Gemüse

Olla de carne ist die costaricianische Version eines von den spanischen Einwanderern mitgebrachten Rezeptes, „Olla podrida" genannt („Olla" bedeutet Topf bzw. Kessel und „podrida" bzw. „poderida" oder „poderosa" mächtig; es war also eine reiche Suppe oder eine Suppe, die nur die Reichen sich leisten konnten). Die spanische Suppe bestand aus Fleisch und roten Bohnen. Letztere wurden in Costa Rica durch lokale Gemüsesorten ersetzt.

4 PORTIONEN

- 800 g Suppenfleisch vom Rind (Brust, Beinrolle)
- Salz, Pfeffer
- 1 rote Paprikaschote (200 g)
- 1 mittlere Zwiebel (80 g)
- 3 Knoblauchzehen (9 g)
- 1 Stange Staudensellerie (80 g)
- 1 Kräuterbund (4 Stiele Koriander, 2 Stiele Thymian, 2 Lorbeerblätter)
- 4 kleine Möhren (250 g)
- 2 kleine Maiskolben
- 200 g Yuca (Maniok)
- 200 g Taro
- 4 kleine festkochende Kartoffeln (250 g)
- 200 g Süßkartoffel
- 1 Plantane (Kochbanane)

ZUBEREITUNGSZEIT 20 Minuten
GARZEIT 3 Stunden und 50 Minuten

1 Das Fleisch in einen großen Topf geben, mit 2–3 l Wasser gut bedecken und zum Kochen bringen. Dann mit Salz und Pfeffer würzen und sorgfältig abschäumen.

2 Die Paprikaschote waschen, halbieren, entkernen und in kleine Würfel schneiden. Zwiebel und Knoblauchzehen schälen. Selleriestange säubern und waschen. Das Gemüse zusammen mit dem Kräuterbund zu dem Fleisch geben und dann zu dreiviertel bedeckt etwa 3 Stunden sanft köcheln lassen, bis das Fleisch fast gar ist.

3 Die Möhren schälen. Die Maiskolben säubern und halbieren. Beides in den Topf geben und 20 Minuten weitergaren.

4 Inzwischen Yuca, Taro, Kartoffeln, Süßkartoffeln und Plantane schälen und in grobe Stücke schneiden, nur die Kartoffeln ganz lassen. Alles zusammen in die Suppe geben und noch 30 Minuten köcheln lassen. Das Kräuterbund dann aus der Suppe entfernen.

5 Das Fleisch in kleine Stücke zerteilen, mit dem Gemüse auf einer vorgewärmten Platte anrichten und mit der heißen Brühe servieren. Reis dazu reichen.

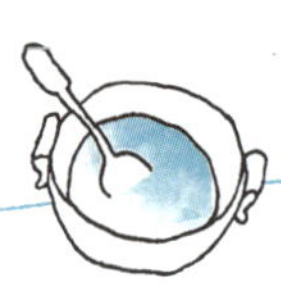

PRO PORTION
E 44 g • KH 69 g • F 29 g
750 kcal

PERU

CHUPE DE CAMARONES

Flusskrebssuppe

Die Chupe ist typisch für ganz Südamerika, wobei die Rezepte von Land zu Land variieren. In Peru handelt es sich dabei um eine sehr gehaltvolle Suppe mit Fleisch oder Fisch, Schalentieren, Eiern, verschiedensten Gemüse- und Getreidesorten, Kartoffeln und Gewürzen. In der Stadt Arequipa wird traditionsgemäß an jedem Wochentag eine andere Suppe serviert. Besonders berühmt ist dort die Flusskrebssuppe. Aji Panca ist eine Chilisorte mit rauchigem, fruchtigem Aroma, sehr beliebt in der peruanischen Küche.

4 PORTIONEN

- 1 kg frische ganze Flusskrebse
- 4 EL Öl
- 1 Lorbeerblatt
- Salz
- 1 mittlere rote Zwiebel (80 g), geschält und fein gehackt
- 3 Knoblauchzehen (9 g), geschält und fein gehackt
- 2 mittlere vollreife Tomaten (160 g), gehäutet, entkernt und gewürfelt
- 1 TL Aji-Panca-Chilipulver
- 1 Aji amarillo/gelbe Chili, leicht gegrillt
- 1 TL Oregano, getrocknet
- 4 mittlere festkochende Kartoffeln (400 g), geschält und halbiert
- 1 Maiskolben, entkernt
- 150 g ausgepalte Erbsen
- 100 g Reis (etwa 20 Minuten Garzeit)
- 100 g ausgepalte Limabohnen
- 4 Stiele Koriander
- 250 ml ungesüßte Kondensmilch
- 200 g Queso Fresco (oder frischer Ziegenkäse, Mozzarella)
- 2 Eier

PRO PORTION
E 27 g • KH 58 g • F 23 g
570 kcal

ZUBEREITUNGSZEIT 30 Minuten
GARZEIT 45 Minuten

1 4 Flusskrebse für die Dekoration zum Schluss beiseitestellen. Mit einer Drehbewegung die Köpfe der restlichen Flusskrebse von den Schwänzen trennen. Die Köpfe säubern, d. h. die schwarze Magentasche entfernen. Die Krebsschwänze aus dem Panzer lösen.

2 2 EL Öl in einem Schmortopf erhitzen. Krebsköpfe und -schalen hinzufügen und 3–4 Minuten bei mittlerer Hitze von allen Seiten anbraten, bis sie sich rot verfärben. Mit etwa 1,5 l Wasser gut bedecken, Lorbeerblatt und etwas Salz zugeben und 15 Minuten bei mittlerer Hitze auskochen. Den Krebsschalensud durch ein solides Metallsieb abgießen und auffangen, dabei die Krebsköpfe und -schalen kräftig ausdrücken. Den Sud erhitzen und die 4 ganzen (Dekorations-)Flusskrebse darin 2 Minuten garen. Die Krebse aus dem Sud nehmen und zur Seite stellen.

3 Das restliche Öl in dem Schmortopf erhitzen. Die Krebsschwänze mit Salz und etwas Chili würzen und 1 bis 2 Minuten anbraten, bis sie sich rötlich verfärben. Aus dem Topf nehmen und aufbewahren.

4 Gehackte Zwiebeln und Knoblauch in das gleiche Öl geben und 2 Minuten anschwitzen. Die gelbe Chili, Tomatenwürfel, restliches Chilipulver, etwas Salz und Oregano zugeben und 2 Minuten andünsten. Das Ganze mit dem Krebssud ablöschen und erhitzen. Kartoffeln, Mais, Erbsen, Reis, Limabohnen und Korianderstiele hinzufügen und etwa 20 Minuten sanft garen, bis das Gemüse weich ist.

5 Am Ende der Garzeit die Krebsschwänze in die Suppe geben und 1 bis 2 Minuten mitgaren. Den Topf vom Herd ziehen und die Kondensmilch und den zerkrümelten Käse unterrühren. Die Suppe abschmecken und erneut erhitzen, aber nicht mehr kochen lassen. Zum Schluss die Eier verquirlen und unterziehen.

6 Die Suppe anrichten und mit den ganzen Flusskrebsen dekorieren.

PERU

CHUPE DE QUINUA

Quinoasuppe

Quinoa, schon seit mehr als 5 000 Jahren in Südamerika kultiviert, hatte bei den Conquistadores kein Interesse geweckt, denn die Quinoakörner enthalten kein Gluten, können also nicht zu Brot verarbeitet werden. Erst in den 70er Jahren, auf der Suche nach gesunden und alternativen Lebensmitteln, entdeckte die westliche Welt das „Goldene Korn" und seine unvergleichlich hohe Nährwertqualität.

V

4 PORTIONEN

- 125 g Quinoa
- 1 mittlere rote Zwiebel (80 g)
- 2 kleine Knoblauchzehen (4 g)
- 2 mittlere festkochende Kartoffeln (200 g)
- 1 Maiskolben
- 125 g Kürbis (Muskat-, Butternusskürbis, Hokkaido ...)
- 1 kleine Stange Staudensellerie (60 g)
- 2 EL Maisöl
- ½ TL Aji-Amarillo-Chilipulver
- ½ TL Oregano, gemahlen
- ½ TL Pimentón (geräuchertes Paprikapulver)
- Salz
- Scharfes Chilipulver (nach Belieben)
- 125 g Limabohnen, bissfest vorgegart
- 4 Huacatayblätter + Stiele (alternativ 1 EL Huacataypaste oder TK-Ware)
- 75 g Queso fresco (frischer Ziegenkäse/ Mozzarella)
- 2 Eier
- 125 ml ungesüßte Kondensmilch

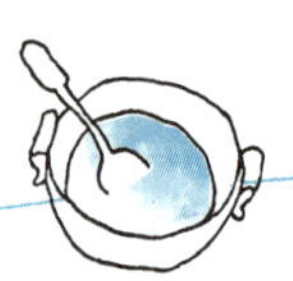

PRO PORTION
E 41 g • KH 60 g • F 36 g
753 kcal

ZUBEREITUNGSZEIT 20 Minuten
GARZEIT 30 Minuten

1 Quinoa in ein Sieb geben und unter fließendem Wasser gründlich abspülen. Zwiebel und Knoblauch schälen und fein hacken. Kartoffeln schälen und vierteln. Den Maiskolben mit einem Brotmesser in dicke Scheiben schneiden. Den Kürbis schälen, entkernen und in kleine Stücke schneiden. Selleriestange säubern und fein würfeln.

2 Das Öl in einem Schmortopf erhitzen und die gehackte Zwiebel darin glasig werden lassen. Den Knoblauch zugeben und 1 Minute leicht anbräunen. Amarillo-Chilipulver, Oregano, Pimentón, etwas Salz und scharfes Chilipulver nach Geschmack zugeben und 5 Minuten sanft anschwitzen (nicht anbrennen lassen!). Danach Quinoa, Kartoffeln, Mais, Limabohnen, Kürbis, Sellerie, Huacataystiele und -blätter zufügen und umrühren. 1,5 l Wasser angießen, erhitzen und 20 Minuten sanft köcheln lassen.

3 Den Ziegenkäse in kleine Würfel schneiden. Die Eier verquirlen.

4 Sobald das Gemüse gar ist, Käsewürfel, Kondensmilch und verquirlte Eier in die Suppe rühren (nicht mehr kochen lassen). Die Suppe vom Herd ziehen und heiß servieren.

INFO Huacatay oder Mexikanische Riesentagetes, ursprünglich im Süden Südamerikas beheimatet, hat sich heute überall auf der Welt ausgebreitet. In Peru ist Huacatay ein sehr beliebtes Küchenkraut. Sowohl die frischen Blätter als auch die Stiele werden zum Würzen von Saucen, Ragouts und Marinaden eingesetzt. Getrocknete Blätter haben nur noch wenig Aroma.

BRASILIEN

BOBÓ DE CAMARAO

Gambas-Maniok-Suppe

Diese Suppe ist ein typisches Gericht aus der Region Bahia, im Nordosten Brasiliens, wo die Portugiesen vor 500 Jahren ihre erste Kolonie errichteten. Der afrikanische Einfluss in der brasilianischen Küche, bedingt durch den Sklavenhandel, macht sich hier stark bemerkbar: Rotes Palmöl, Kokosmilch, Fisch und Schalentiere sind die Basis vieler Rezepte. In „Ipetê" an der westafrikanischen Küste wird ein fast identisches Gericht zubereitet.

4 PORTIONEN

- 800 g Maniokwurzel
- 1 kg rohe Gambas mit Köpfen
- Saft von 1 Limette
- 3 EL Olivenöl
- 2 kleine Knoblauchzehen, fein gehackt (4 g)
- 2 EL Koriander, fein gehackt
- 2 EL Petersilie, fein gehackt
- 2 EL Schnittlauch, fein gehackt
- 1 mittlere Zwiebel (80 g)
- 2 große vollreife Tomaten (200 g)
- 1 kleine rote Paprikaschote (125 g)
- 2 Pfefferschoten (pimenta malagueta)
- 1 EL Maisöl
- 350 ml Kokosmilch
- 3 EL rotes Palmöl
- Salz, Pfeffer

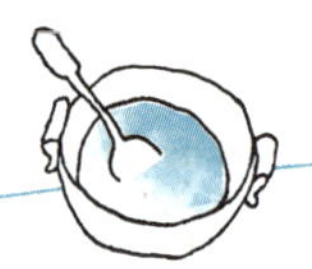

PRO PORTION
E 41 g • KH 60 g • F 36 g
753 kcal

ZUBEREITUNGSZEIT 30 Minuten
GARZEIT 30 Minuten + 40 Minuten

1 Den Maniok schälen und in dicke Scheiben schneiden. Die Scheiben vierteln, dabei den faserigen Teil aus der Mitte entfernen, und 30 Minuten in Salzwasser garen. Abkühlen lassen.

2 Köpfe und Panzer der Gambas entfernen, in einen großen Topf geben und mit 1200 ml Wasser bedecken. Das Ganze erhitzen und 20 Minuten auskochen. Den Schalensud filtrieren und auffangen.

3 Die rohen Garnelenschwänze in eine Schüssel geben. Limettensaft, Olivenöl, gehackte Knoblauchzehen und gehackte frische Kräuter mischen und dazugeben. Gut umrühren, um die Gambas von allen Seiten mit der Marinade zu bedecken, und ziehen lassen.

4 Die Zwiebel schälen und fein hacken. Tomaten überbrühen, Haut abziehen, entkernen und grob hacken. Paprikaschote und Pfefferschoten halbieren, säubern und fein würfeln.

5 Das Maisöl in einem Schmortopf erhitzen und die gehackte Zwiebel darin glasig dünsten. Gehackte Tomaten, Paprika und Pfefferschoten dazugeben und 3 Minuten schwitzen lassen.

6 Die marinierten Gambas hinzufügen und 2 bis 4 Minuten (je nach Größe) mitdünsten. Die Gambas dann wieder aus dem Topf nehmen und zur Seite stellen.

7 Den garen Maniok in den Gambassud geben und mit dem Stabmixer pürieren. Das Gemisch in den Schmortopf zu dem Gemüse geben. Kokosmilch und Palmöl unterrühren, mit Salz und Pfeffer abschmecken und 10 Minuten bei schwacher Hitze köcheln lassen. Die Suppe vom Herd ziehen, Gambas hineingeben und 1 Minute ziehen lassen.

8 Reis dazu reichen.

ANTILLEN

SOUPE Z'HABITANTS

Blattgemüsesuppe mit Pökelfleisch

V

Mit „Z'habitants" sind die Einwohner der Antillen gemeint. Traditionell wird diese Suppe zu Beginn des neuen Jahres mit den Resten vom Weihnachtsschinken gekocht. Die übrige Zeit wird die Suppe gern mit geräuchertem Speck und gepökelten Schweineohren und -rüssel zubereitet. In einer leichteren Version ersetzen Süßwassergarnelen – ebenfalls „Z'habitants" auf den Antillen genannt – das Fleisch.

4 PORTIONEN

- 2 mittlere Möhren (160 g)
- 2 kleine weiße Rübchen (100 g)
- 150 g Kürbis (Muskat-, Butternusskürbis, Hokkaido ...)
- 1 Lauchstange (200 g)
- 1 Stange Staudensellerie (80 g)
- 150 g Spinat
- 150 g Taroblätter
- 100 g Portulak
- 200 g Pökelfleisch vom Schwein
- 2 EL Öl
- 1 Kräuterbund (3 Stiele Petersilie, 2 Stiele Thymian, 2 Lauchzwiebeln, zusammengebunden)
- 1 Pfefferschote (Habanero)
- 2 Pimentblätter
- Salz, Pfeffer

PRO PORTION
E 11 g • KH 7 g • F 13 g
204 kcal

ZUBEREITUNGSZEIT 20 Minuten
GARZEIT 90 Minuten

1 Möhren und Rübchen schälen. Kürbis schälen und entkernen. Lauch und Sellerie säubern. Sämtliches Gemüse in kleine Würfel schneiden. Spinat, Taro- und Portulakblätter waschen, von den Stielen befreien und grob hacken. Das Fleisch abspülen und in große Würfel schneiden.

2 Das Öl in einem Schmortopf erhitzen und das Gemüse darin 5 Minuten anschwitzen und leicht anbräunen, dabei umrühren. Die gehackten Blätter hinzufügen und weitere 3 Minuten dünsten, bis die Blätter zusammenfallen. Fleisch, Kräuterbund, die ganze Pfefferschote und die Pimentblätter zugeben und alles mit etwa 1,5 l Wasser gut bedecken. Erhitzen und etwa 45 Minuten köcheln lassen, bis das Fleisch gar ist.

3 Dann Fleisch, Kräuterbund, Pfefferschote und Pimentblätter entfernen und die Suppe mit dem Stabmixer grob mixen (es sollen noch kleine Stückchen verbleiben).

4 Das Fleisch wieder in die Suppe geben, mit Salz und Pfeffer abschmecken und noch 20 Minuten bei schwacher Hitze ziehen lassen.

VEGETARISCHE VARIANTE Das Fleisch weglassen und stattdessen 100 g Suppennudeln am Ende der Garzeit in die Suppe geben und 5 bis 10 Minuten (nach Packungsanweisung) mitgaren. Wenn nötig, die Suppe mit etwas Wasser verdünnen.

CHILE

CALDILLO DE CONGRIO

Fischsuppe mit Gemüse und Paprika

In Chile benutzt man für diese äußerst populäre Suppe den „Congrio colorado" (roten Schlangenfisch), der an den chilenischen sowie argentinischen Küsten sehr verbreitet ist. Der chilenische Dichter Pablo Neruda, der nicht nur das Meer, sondern auch Fisch und Meeresfrüchte über alles liebte, hat diese Suppe mit seiner „Ode an den Caldillo de congrio" in einem Rezeptgedicht verewigt.

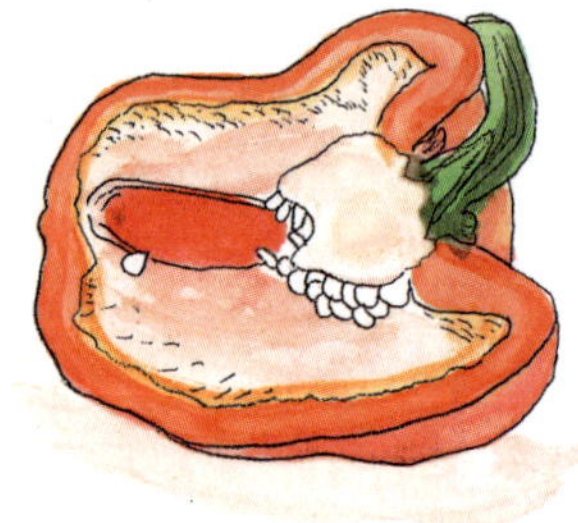

4 PORTIONEN

- 1 küchenfertiger Köhler (oder Seelachs) von 1,6 kg in 4 großen Stücken + Kopf und Schwanz
- 1–2 Fischköpfe (Köhler, Seelachs oder anderer magerer Seefisch)
- 2 mittlere Zwiebeln (160 g)
- 4 Knoblauchzehen (12 g)
- 1 mittlere Möhre (80 g)
- 1 kleine Stange Staudensellerie (60 g)
- 2 Lorbeerblätter
- ½ Bund frischer Koriander
- 5 Pfefferkörner
- Salz
- Saft von 1 Zitrone
- 1 EL Oregano, getrocknet
- Pfeffer
- 2 vollreife große Tomaten (200 g)
- 1 rote Paprikaschote (200 g)
- 4 mittlere festkochende Kartoffeln (400 g)
- 2 EL Öl
- 1 TL Paprika oder Pimentón
- 200 ml trockener Weißwein
- 4 EL saure Sahne (Sauerrahm)

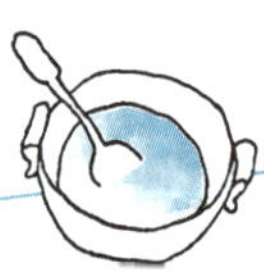

PRO PORTION
E 37 g • KH 21 g • F 14 g
392 kcal

ZUBEREITUNGSZEIT 35 Minuten
GARZEIT 65 Minuten

1 Fischköpfe und -schwanz in einen großen Topf geben. Von den Köhlerstücken mit einer Küchenschere die Flossen abtrennen und dazugeben und alles gut mit Wasser bedecken. 1 Zwiebel schälen und vierteln. 2 Knoblauchzehen schälen. Möhre schälen und in Scheiben schneiden. Sellerie säubern und in 4 Stücke schneiden. Das Gemüse, Lorbeerblätter, 2 Stiele Koriander, Pfefferkörner und etwas Salz zu den Fischresten geben und erhitzen. Unbedeckt 30 Minuten bei schwacher bis mittlerer Hitze kochen lassen und dabei abschäumen. Den Sud filtrieren und abkühlen lassen.

2 Inzwischen die Köhlerstücke in eine Schale geben. Zitronensaft, 1 fein gehackte Knoblauchzehe, Oregano sowie etwas Salz und Pfeffer mischen und über den Fisch geben. Fisch in der Marinade wenden und ziehen lassen.

3 Übrige Zwiebel und Knoblauchzehe schälen und in feine Scheiben schneiden bzw. fein hacken. Tomaten überbrühen, Haut abziehen, entkernen und würfeln. Paprikaschote halbieren, entkernen und fein würfeln. Kartoffeln schälen und in dünne Scheiben schneiden.

4 Das Öl in einem Schmortopf erhitzen. Zwiebelringe und Knoblauch zugeben und 2 Minuten anschwitzen. Tomaten- und Paprikawürfel hinzufügen und 2 Minuten dünsten. Mit Paprika oder Pimentón bestreuen und umrühren. Das Ganze mit dem Weißwein ablöschen und aufkochen lassen. Die Kartoffelscheiben und den Fischsud zufügen, erhitzen und 20 Minuten sanft köcheln lassen. Die Köhlerstücke in die Suppe geben und 5 bis 8 Minuten bei niedriger Hitze ziehen lassen. Der Fisch soll just gar sein und nicht zerfallen.

5 Restlichen Koriander waschen, trocknen und die Blätter fein hacken. Den heißen Caldillo auf 4 tiefe Teller verteilen, je 1 EL Sauerrahm daraufgeben und mit Koriander bestreuen.

HAITI

SOUPE AU GIRAUMON

Kürbissuppe

Giraumon ist die antillesische Bezeichnung für Moschuskürbisse (Butternuss- oder Muskatkürbis). Auf San Domingo, der reichsten französischen Kolonie, brach 1791 der berühmte Sklavenaufstand aus. Die Revolte endete siegreich und führte 1804 zur Proklamation der ersten freien schwarzen Republik: Haiti. Zum Zeichen dafür, dass sie nun ihre eigenen Herren waren, verzehrten die Haitianer die symbolträchtige Kürbissuppe. Sie war bis dahin Privileg der Kolonialherren. Bis heute wird das Ereignis alljährlich mit der Zubereitung der legendären Suppe gefeiert.

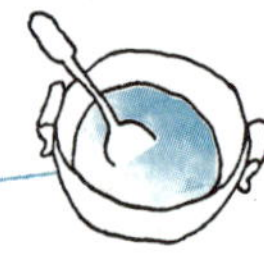

PRO PORTION
E 32 g • KH 50 g • F 38 g
700 kcal

4 PORTIONEN

- 500 g Rindfleisch für die Suppe, grob gewürfelt
- Saft von 1 Limette

FÜR DIE MARINADE

- 6 Lauchzwiebeln, gesäubert
- 1 mittlere Zwiebel (80 g), geschält
- 3 Knoblauchzehen (9 g), geschält
- 1 Bund Petersilie, gewaschen und getrocknet
- ½ grüne Paprikaschote (100 g)
- ½ rote Paprikaschote (100 g)
- 1 kleine Pfefferschote (Scotch Bonnet)
- 8 EL Öl
- 1 TL Zucker

AUßERDEM

- 600 g Kürbis (Butternuss- oder Muskatkürbis)
- 2 Knoblauchzehen (6 g)
- 300 g Weißkohl
- 1 Stange Staudensellerie mit Blättern (80 g)
- 2 mittlere Möhren (160 g)
- 1–2 Rübchen (100 g)
- 2 mittlere Kartoffeln (200 g)
- 1 mittlere Zwiebel (80 g)
- 1 Pfefferschote (Scotch Bonnet)
- 2 Nelken
- 125 g Suppennudeln
- ½ Limette
- Salz, Pfeffer

ZUBEREITUNGSZEIT 45 Minuten
MARINADE FÜR DAS FLEISCH 6 Stunden (oder länger)
GARZEIT 90 Minuten

1 Das Fleisch in eine Schüssel geben und von allen Seiten mit dem Limettensaft einreiben.

2 Für die Marinade Lauchzwiebeln mit den grünen Blättern, Zwiebel, Knoblauchzehen, Petersilie mit den Stielen, die entkernten Paprikaschoten und die entkernte Pfefferschote grob schneiden und in einen Mixer geben. 6 EL Öl sowie den Zucker hinzufügen und alles zu einer homogenen, dickflüssigen Sauce mixen. Die Sauce über das Fleisch geben, gut vermengen und mindestens 6 Stunden ziehen lassen.

3 2 EL Öl in einem großen Topf erhitzen. Das Fleisch mit seiner Marinade hinzugeben und bei schwacher Hitze etwa 60 Minuten garen, bis das Fleisch anfängt weich zu werden, dabei ab und zu umrühren.

4 Inzwischen den Kürbis schälen, entkernen und in große Stücke schneiden. Die Knoblauchzehen schälen und halbieren. Kürbis, Knoblauch und ½ TL Salz in einen Topf geben, mit kaltem Wasser knapp bedecken und 15–20 Minuten garen, bis der Kürbis weich ist. Die Kürbisstücke und den Knoblauch aus dem Topf nehmen mit etwas Kürbisbrühe mixen. Restlich Brühe aufbewahren.

5 Weißkohl und Sellerie säubern und in kleine Stücke schneiden. Möhren, Rübchen und Kartoffeln schälen und würfeln. Die Zwiebel schälen und grob hacken. Das zerkleinerte Gemüse und die mit den Nelken gespickte Pfefferschote zu dem Fleisch geben. Das Kürbispüree, die restliche Kürbisbrühe sowie 500 ml Wasser hinzufügen.

6 Alles erhitzen und 30 Minuten garen. Wenn die Suppe zu dickflüssig ist, etwas mehr Wasser zufügen. 5 bis 10 Minuten vor Ende der Garzeit (je nach Nudelart) die Suppennudeln in die Suppe geben.

7 Die Suppe mit Limettensaft, Salz und Pfeffer abschmecken.

Alle Suppen auf einen Blick

Zutatenregister

H

I, J

K

Abkürzungen

TL: Teelöffel
EL: Esslöffel
g: Gramm
kg: Kilogramm
ml: Milliliter
l: Liter
cm: Zentimeter
kcal: Kilokalorien
E: Eiweiß
F: Fett
KH: Kohlenhydrate

Die Autorin sagt „Danke“ an

Marie Werno für das Zurek-Rezept ihrer Mutter, Ulrike Weiss und Bouchra Achoumrar für ihr Harira-Rezept und die Zubereitungstipps, Alain Taubes für sein Kreplekh-Rezept, Justine Saury und Küchenchef Stephan Borne für das Gumbo-Rezept, meine Schwägerin Mia Vieyra für ihre Ratschläge zu den amerikanischen Suppen, Mariam Diallo für ihr Kandia-Soupe-Rezept sowie ihre wertvolle Hilfe beim Zubereiten der Suppe, Celso und Isabelle Morais für ihr Caldo verde-Rezept, meine Mutter für ihr Birnen, Bohnen und Speck-Rezept, meine Schwester Toni für ihr Minestrone-Rezept, und Anne Coutant und Mariam Diallo für ihre wunderschönen Suppenschalen, -schüsseln und Accessoires aus aller Welt.

Die Autorin und Foodstylistin Ulrike Skadow und der Fotograf Nicolas Leser leben in Paris und arbeiten seit 25 Jahren im Team. Als Liebhaber authentischer und gesunder Küche hatten beide schon immer ein Faible für Suppen. Sie vertieften ihre Leidenschaft auf Reisen nach Afrika, Asien, in die Karibik, nach Amerika und durch ganz Europa. Überall haben sie neugierig in die Töpfe geschaut und Rezepte gesammelt. Dieses Buch ist das Ergebnis ihrer Suppen-Weltreise.

Stiftung Warentest
Lützowplatz 11–13
10785 Berlin
Telefon 0 30/26 31–0
Fax 0 30/26 31–25 25
www.test.de
email@stiftung-warentest.de

USt-IdNr.: DE136725570

Vorstand: Hubertus Primus
Weitere Mitglieder der Geschäftsleitung:
Dr. Holger Brackemann, Daniel Gläser

Programmleitung: Niclas Dewitz

Autorin: Ulrike Skadow
Projektleitung: Friederike Krickel
Lektorat: Friederike Krickel, Veronika Schuster
Korrektorat: Hartmut Schönfuß, Berlin
Nährwertberechnungen: Astrid Büscher, Hamburg
Art Direction, Gestaltung, Illustration, Layout:
Josephine Rank, Berlin
Fotografien Innenteil: Nicolas Leser, Paris
Foodstyling Innenteil: Ulrike Skadow, Paris
Umschlagfoto: Peter Schulte, Hamburg
Foodstyling Umschlagfoto: Julia Luck, Hamburg

Produktion: Vera Göring
Verlagsherstellung: Rita Brosius (Ltg.), Susanne Beeh
Litho: bildpunkt, Berlin
Druck: Firmengruppe APPL, aprinta druck, Wemding

ISBN: 978-3-86851-441-4

Wir haben für dieses Buch 100 % Recyclingpapier und mineralölfreie Druckfarben verwendet. Stiftung Warentest druckt ausschließlich in Deutschland, weil hier hohe Umweltstandards gelten und kurze Transportwege für geringe CO_2-Emissionen sorgen. Auch die Weiterverarbeitung erfolgt ausschließlich in Deutschland.